UNDATEABLE

311 Dinge, die dafür sorgen, dass Männer solo bleiben

Ellen Rakieten and Anne Coyle

riva

Bibliografische Information der Deutschen Nationalbibliothek:
Die Deutsche Nationalbibliothek verzeichnet diese Publikation in der Deutschen Nationalbibliografie; detaillierte bibliografische Daten sind im Internet über http://d-nb.de abrufbar.

Für Fragen und Anregungen:
undateable@rivaverlag.de

1. Auflage 2013

Redaktion: Claudia Fregiehn, München
Übersetzung: Martin Bauer, München
Umschlaggestaltung: Tereasa Surratt / The Royal Order of Experience Design, Chicago
Satz: Georg Stadler, München
Druck: Graspo CZ, Tschechische Republik
Printed in the EU

ISBN Print: 978-3-86883-352-2
ISBN E-Book (PDF): 978-3-86413-442-5
ISBN E-Book (EPUB, Mobi) 978-3-86413-443-2

Elaine: **»Du sagst also, dass 95 Prozent der Bevölkerung date-untauglich sind?«**

Jerry: ***»Absolut!«***

Elaine: **»Und wie kommen dann all die Paare zusammen?«**

Jerry: ***»Durch Alkohol.«***

Seinfeld
»The Wink«
Oktober 1995

Widmung

P. B. K. dem datebarsten Mann gewidmet, den ich kenne. Ebenso den liebenswerten und knuddelnswerten Zack und Nicky, den zukünftigen Volltreffern. Das Leben ohne euch: UNLEBBAR. All den Frauen, die uns von ihren Dating-Katastrophen berichtet haben, sei gesagt: Der Richtige ist da draußen; manchmal braucht er nur ein bisschen Hilfe. All den Jungs, die leicht aus der Kategorie »hoffnungslos« zu »attraktiv« wechseln könnten: Wir lieben euch wirklich alle – nur sagt bitte nicht »Booya«!

X Elle

Bill und Charlie gewidmet, meinen beiden liebsten Menschen auf der Welt. Ich liebe euch grenzenlos. Rawr. Meinen Eltern gewidmet, für ihre unbedingte Zuneigung und den sicheren moralischen Kompass, den sie mir mit auf den Weg gegeben haben. Danke für euer Verständnis, dass Monty Python kein Teufelszeug ist. Mickey, Scott und Luke gewidmet. Je älter ich werde, desto lustiger war es. Elles Belles gewidmet ... meiner anderen Schwester, die ich so sehr liebe, dass mein Ex immer noch glaubt, wir hätten was miteinander. Danke für deine Magie, sie macht das Leben schöner. Beste Nachbarn für immer.

XO Anne

Danksagung

Besten Dank all jenen, die uns bei diesem Buch geholfen haben; jenen, die mein Leben mit geprägt haben; jenen, auf die ich jeden Tag zählen kann ... Oprah (wie meine Mama sagte: »Du hattest mich länger, als sie mich hatte«, ewige ♥ Ellie Bellie). Jessica und Jerry S. (genau mein Geschmack: Zucker und Honig!). Adam Glassman – wahnsinnig dateable. Jorgie Porgie – für immer und ewig. Ali Cat (Wie, all deine Undateables sind nur Bettgeschichten?). Die außerordentliche Meghan »Bee« Hoffman (Hast du deinen lebenslangen Vertrag schon unterschrieben?). Jen A. und Kristin Hahn (Ich liebe unsere Frauenabende!). Michael C. (Es ist 22 Uhr – treffen wir uns draußen auf unserer Bank!) Tom Papa (Danke für den Zehennagel-Witz!). Team CAA – Steve L., Alix H., Tony E., Alan B., Rosi B., angeführt vom unvergleichlichen Kevin Huvane. Jeanne Newman (Mein Polarstern!). Benny Medina (dafür, dass er mir den Spiegel vorhält). Kenny Paves (Für dich täte ich alles!). Jillian Michaels & G. C. Chersich (war für uns vorbestimmt!). Besten Dank auch unserer brillanten Literaturagentin, Andrea Barzvi (Wir stehen total auf dich!). Unserer leidenschaftlichen Lektorin Jennifer Smith, unserer visionären Verlegerin Jane von Mehren, den Publicity-Gurus Theresa Zoro und Sharon Propson sowie der ganzen restlichen Crew von Random House. Ihr seid fantastisch! The Royal Order für seine Einsicht, dass Steve McQueen der Coolste überhaupt ist. Heidi Krupp (Du bist ein fieser Superstar!). Bob Miller (so dankbar!). Jan Miller (Du bist eine Naturgewalt!). Amy Duffy (die Tochter, die ich mir immer gewünscht hätte). Lindsey Kotler (die kleine Schwester, die ich schließlich doch noch bekam!). Seth Marks, Shawn Wilson, Craig Robinson, Michael Hainey, Stedman Graham, Billy Bush und Mark Consuelos (Ihr könntet den ultimativen Kurs »Wie werde ich dateable?« leiten.)

Meine geschätzte Harpo-Familie – ihr seid so viele, dass es ein ganzes Buch füllen würde, euch alle namentlich zu nennen ... Sher, Lisa E., Howie, Jonny Sinc, Layla, Jillie Jill V., Jill B., Lisa H., Lisa M., Katy, Lesia, Sally Lou, Amy & Neil, Gina, Jen S., Siobhan, Megan S., Cindy M., Gayle K. usw. pp.

Annie Cabannie/AC399/Slimmy ... Du bist mein geliebtes langbeiniges Golden Girl. Vom ersten Augenblick, als ich dich in diesem krankhaften grauen Mantel gesehen habe, wusste ich, dass es Liebe war (und ein bisschen Lust). Du machst mich erst komplett. Lang lebe der achte Stock! XO er

Wie immer möchte ich meinen Eltern, Marilyn und Stanley erklären, dass ich sie unendlich liebe, ebenso meiner Schwester Nancy, meinem Bruder Steven und meiner Schwiegermutter Barbara. Was habe ich für ein Glück!

E. R.

Ich möchte vielen außerordentlich begabten und hilfreichen Leuten meinen Dank aussprechen: Tereasa Surratt für das Hammer-Exposé, Dave Hernandez dafür, dass er Tereasa geheiratet hat. Tim, Kyle und David vom Royal Order für ihr kreatives Genie, ihren Humor und ihre absolute Date-barkeit. Vielen Dank auch an Ryan Baehr, einen außerordentlichen Fotografen. Die Bilder sind perfekt geworden! Vielen Dank, Meghan Hoffman für deine Hingabe und Sorgfalt – und für deine Bereitschaft, über alles zu lachen, was ich sage. Lisa Carron, danke für deine Freundlichkeit und deinen Einsatz, vor allem aber für dein ganz besonderes Gehirn. Dank an P. B. K., den Ehemann aus dem achten Stock und wahren Freund. E. S.: Danke dafür, dass du das Licht angeschaltet hast. C. H.: Danke, dass du wirklich da bist. A. M. und B. H. M.: Danke, dass ihr die Idee (und mich) geliebt habt. Zuletzt noch ein Dank an S. B.: Du bist ein totaler Rockstar.

A. C.

Inhalt

(Du hast gefurzt)

(Triff noch heute deine Ex –
eine Kugel sollte genügen)

02
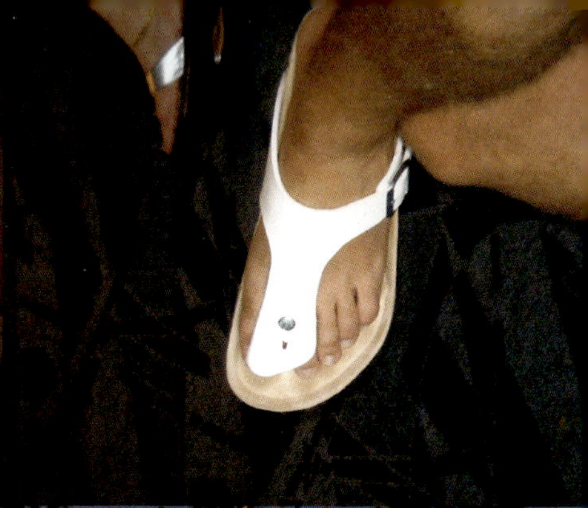
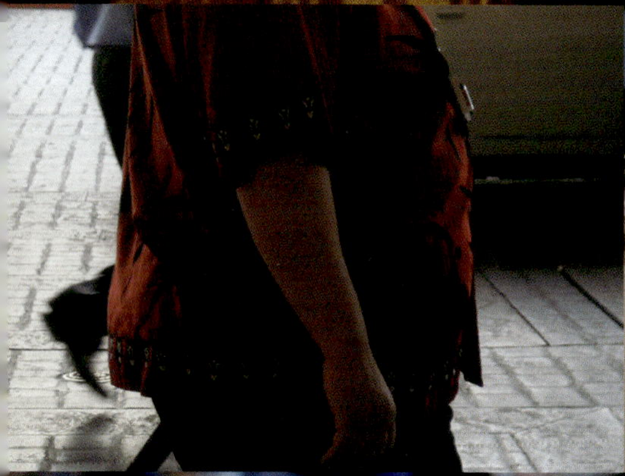

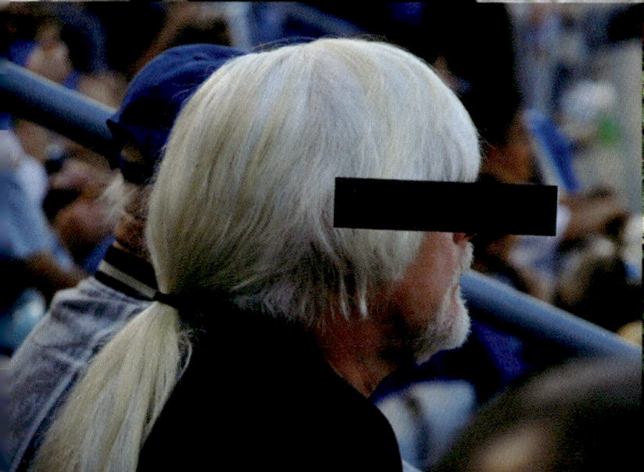

Warum, verdammt?

Habe ich was Falsches gemacht?

Habe ich was Falsches gesagt?

Habe ich was Falsches getragen?

Ja, ja und noch mal ja.

Wir alle haben die Geschichten schon tausendmal gehört. Jemand schwärmt einer netten Single-Frau wochenlang von einem Kerl vor. »Ein toller Typ. Echt lustig! Klug und enorm belesen. Kein George Clooney, aber nett. Mein Bruder mag ihn sehr!«

Schließlich ruft der Mann bei der Frau an und man verabredet sich zum Abendessen. Seine Stimme klingt nett und sie hat diesmal ein richtig gutes Gefühl. Während sie an der Bar auf ihn wartet, fantasiert sie, ob das wohl der Abend ist, den sie später »den Augenblick« nennen wird. Den Augenblick, an dem er hereinspazierte und sie wusste: Der ist es …

Und dann kommt er – und trägt ganz offensichtlich transplantierte Haare. Geht schon in Ordnung, denkt sie. Ich bin ja nicht oberflächlich. Toll finde ich es zwar nicht, aber wenn wir uns sonst verstehen, soll es daran nicht scheitern.

Aber es kommen schnell noch ein paar Dinge hinzu. Ihr Date benutzt ständig Sport-Metaphern wie »Bringen wir das Spiel mal ins Laufen und gehen zum Tisch!« Und an seiner gebügelten Dockers-Hose hängt ein großes schwarzes Handy. Als er dann noch seinen zweiten Long-Island-Eistee bestellt, gibt sie auf. Sie erkennt, dass er den Abend nur noch dadurch retten könnte, dass er gesteht, ein französischer Graf zu sein, der als Hausaufgabe seiner Schauspielschule einen absoluten Loser spielen muss.

Doch das passiert nicht. Stattdessen der Dating-Supergau: Er schiebt seinen Stuhl zurück, steht auf und sagt, ohne eine Sekunde zu zögern: »Bin gleich wieder da. Ich muss einen abseilen.«

Date: OVER **Beziehung: NEIN**
Kerl: UNDATEABLE

Frauen sind nun mal komplizierte Wesen und ihre Logik scheint oft unergründlich. Tatsächlich gibt es aber einen unausgesprochenen Katalog an Dingen, die Männer niemals sagen, tragen oder tun dürfen, wenn ihr erstes Date nicht auch das letzte sein soll. Oder dass sie nicht bei einem möglichen zweiten Date sofort sagt: »Lass uns einfach Freunde sein.« Es gibt einfach Fehler, die Männer schlicht inakzeptabel machen – und das Traurige ist: Ihr Kerls habt meist keinen Schimmer, woran es liegt.

Wir wissen, dass euch das auch schon mal passiert ist: Da war dieses fantastische Mädchen, das euch gefiel. Sie war schön, lustig, clever und warmherzig. Sie war gerade solo. Nett. Aber irgendwie hat es nie geklappt, und ihr habt euch gefragt: »Verdammt, was lief hier schief?« Habe ich was Falsches gesagt? **(Ja!)** Habe ich was Falsches getan? **(Ja!)** Habe ich was Falsches getragen? **(Ja! Ja! Ja!)**

Wir haben Hunderte kluge, lustige, normale Frauen aus allen Gesellschaftsschichten interviewt und sie nach ihren Date-Killern gefragt, nach jenen Dingen, die einen potenziellen Kandidaten sofort durchfallen lassen. Einige Antworten waren erwartbar (während der Drinks die Familienjuwelen sortieren), manche waren brillante Fundstücke (eine Katze besitzen) und andere kamen völlig unerwartet (der Ausdruck »meine Geliebte« verwenden).

Hier stellen wir erstmals exklusiv diesen noch nie zuvor veröffentlichten Katalog vor – eine brutal ehrliche Sammlung jener Dinge, mit denen Männer Frauen abtörnen. Das Buch besteht aus drei Teilen: Was man nicht tragen darf – Was man nicht sagen darf – Was man nicht tun darf. In den jeweiligen Kapiteln decken wir in Wort und Bild schonungslos auf, welche Fehler dafür sorgen, dass Millionen Männer keine Freundin finden.

Diese Fehler haben wir in vier Kategorien eingestuft, von »lässliche Sünde« bis »katastrophales NO-GO«; ein Symbol neben jedem Lapsus zeigt an, wie schlimm der Fehltritt ist.

Vielleicht bekommt ihr nach ein paar Seiten das Gefühl, wir wären verbissene, intolerante Horror-Tanten. Und vielleicht sind wir das auch. Aber täuscht euch nur nicht. Wir lieben Männer und weil wir euch lieben, verraten wir euch die Wahrheit. Wir wollen euch klarmachen, warum attraktive Frauen euch nicht zurückrufen oder »nur Freunde sein« wollen, auch wenn die Frauen selbst nie ein Wort über ihre Gründe dafür verlieren.

Für alle Jungs, die sich je gefragt haben:

»Was habe ich falsch gemacht?«

Hier kommt die Antwort …

No, I will not
fix your computer
Tuscany
Italian Beef Sandwich
Italian Sausage Sandwich
Italian Turkey Meatballs

Die Bewertungsskala

Die Fehltritte in unserem Katalog decken je nach Schwere eine große Bandbreite von »lässliche Sünde« bis »katastrophales NO-GO« ab. Die Symbole neben den Einträgen zeigen an, ob man sich von einem Lapsus noch erholen kann oder ob man sich einen Klops geleistet hat, der Frauen sofort in die Flucht schlägt.

Warnsignal

Gewitterwolke

Kein Sex

Todeskuss

Harmlose Sünden, aber trotzdem Fehltritte. Die können aber meist durch einen Besuch im Klamottenladen oder durch einen vorsichtigeren Umgang mit dem Vokabular behoben werden. Ihr seid noch im Spiel, aber ihr habt eure Flamme gewarnt, dass ihr nicht perfekt seid. Siehe »Booya«, Nr. 119. Und lange weiße Baumwollstrümpfe, Nr. 44.

Wenn eine Frau zu viele Warnsignale erhalten hat oder einen gravierenderen Lapsus mitansehen musste, schleicht sich bei ihr Unbehagen ein. Wie eine Gewitterwolke am Horizont kündigt euer Verhalten an, dass Schlimmeres naht. Die Gewitterwolke alarmiert die Frau. Noch ist nicht alles verloren, aber es wird schwierig. Ihr habt vielleicht fünf Minuten, um den Eindruck noch zu korrigieren. Siehe »Jeans zum Skifahren«, Nr. 8.

Großer Klops, bei dem eine Frau denkt: »Widerlich!« Macht euch offiziell TOTAL UNSEXY. An dieser Stelle könnt ihr genauso gut einpacken. Und ein paar Wochen später anrufen und erklären, dass es an einer unvorhersehbaren Wechselwirkung zweier Medikamente gelegen haben muss, dass ihr bei eurer Verabredung sagtet: »Hm, ganz schön saftige Preise. Lass uns die Rechnung teilen!« Warnung an Verheiratete und Männer in festen Beziehungen: Leider kann im täglichen Zusammenleben auch die harmloseste Marotte dazu führen, dass die Partnerin mit der Zeit die Lust verliert. Traurig, aber wahr.

Das war's! Du bist ein Freak. Derart massive Fehltritte führen normalerweise dazu, dass eine Frau eine Verabredung sofort abbricht. Sie täuscht dann »Magenschmerzen« vor oder tut so, als ob sie gerade am Telefon von einem Notfall in der Familie erfahren. Siehe »Badehosen«, Nr. 53.

Doch halt …
… Es gibt noch Rettung.

Ihr habt doch nicht gedacht, wir halten euch eure Fehler vor und lassen euch dann ratlos zurück, oder? Nein, wir sind schließlich nett (und lieben ein gelungenes Umstyling). Also zeigen wir euch, wie ihr es besser macht. Manche Fehltritte sind jenseits von Gut und Böse (siehe »Skullet« Nr. 97), während andere sich mit guter Beratung und einer kleinen Investition korrigieren lassen (siehe »Hawaiihemd«, Nr. 30). Unter dem Symbol des roten Kreuzes bieten wir Abhilfe an – eine garantierte Lösung eures Problems und einen großen Schritt auf dem Weg zurück zur Konkurrenzfähigkeit.

Wie dieses Buch zu lesen ist …

Wenn ihr unter 20 seid:
Der Untertitel dieses Buchs lautet: 311 Dinge, die dafür sorgen, dass Männer solo bleiben. Die Betonung liegt hier auf »Männer«, und mit »Männern« meinen wir Erwachsene deutlich über 20 Jahre alt. (Alle jüngeren betrachten wir noch als »Jungs«.) Als Erwachsene steht ihr finanziell auf eigenen Beinen und etabliert euch allmählich in der Welt. In diesem Alter wird es eben dann auch Zeit, sich anständig zu präsentieren. Bis dahin darf man noch experimentieren, Dinge ausprobieren und schauen, ob sie für einen funktionieren, auch wenn das manchmal in die Hose geht. Lauft also ruhig mal eine Zeit lang mit Kreissäge auf dem Kopf rum, tragt Laserschwert-Kämpfe aus, bestellt Tom-Collins-Cocktails und sagt: »Alles klar.« Wenn ihr dieses Buch lest und etwas findet, das euch nachdenklich stimmt, prima. Aber nehmt uns nicht zu ernst. Denn es gehört einfach zum Erwachsenwerden, vorübergehend in lächerlichen Klamotten rumzulaufen, blöde Phrasen zu dreschen und idiotische Dinge zu tun. Und später darüber zu lachen.

Wenn sich jemand auf den Schlips getreten fühlt:
Manch einer mag dieses Buch lesen und sich denken: »Was bilden diese Tussis sich eigentlich ein, mir vorschreiben zu wollen, was ich tragen, sagen und tun soll? Ich mache verdammt noch mal, was mir passt!« Darauf antworten wir: »TOLL!« Im Ernst. Einer unserer Freunde brachte es schön auf den Punkt: »Jeder hat das Recht, seinen persönlichen Style zu entwickeln.« Dem können wir nur hundertprozentig beipflichten. Wenn du Bowling-Shirts liebst und Ringe am kleinen Finger toll findest, trag sie ruhig weiter und schick uns mit unseren Ratschlägen zum Teufel. Denn letztlich lieben Frauen Männer, die wissen, was sie mögen, und auch die Courage haben, dazu zu stehen. Männer, hört jetzt genau zu, denn hier kommt was ganz Wichtiges:

ES GIBT NICHTS ATTRAKTIVERES ALS EINEN SELBSTBEWUSSTEN MANN.

So und jetzt …

WAS MAN NICHT TRAGEN SOLL

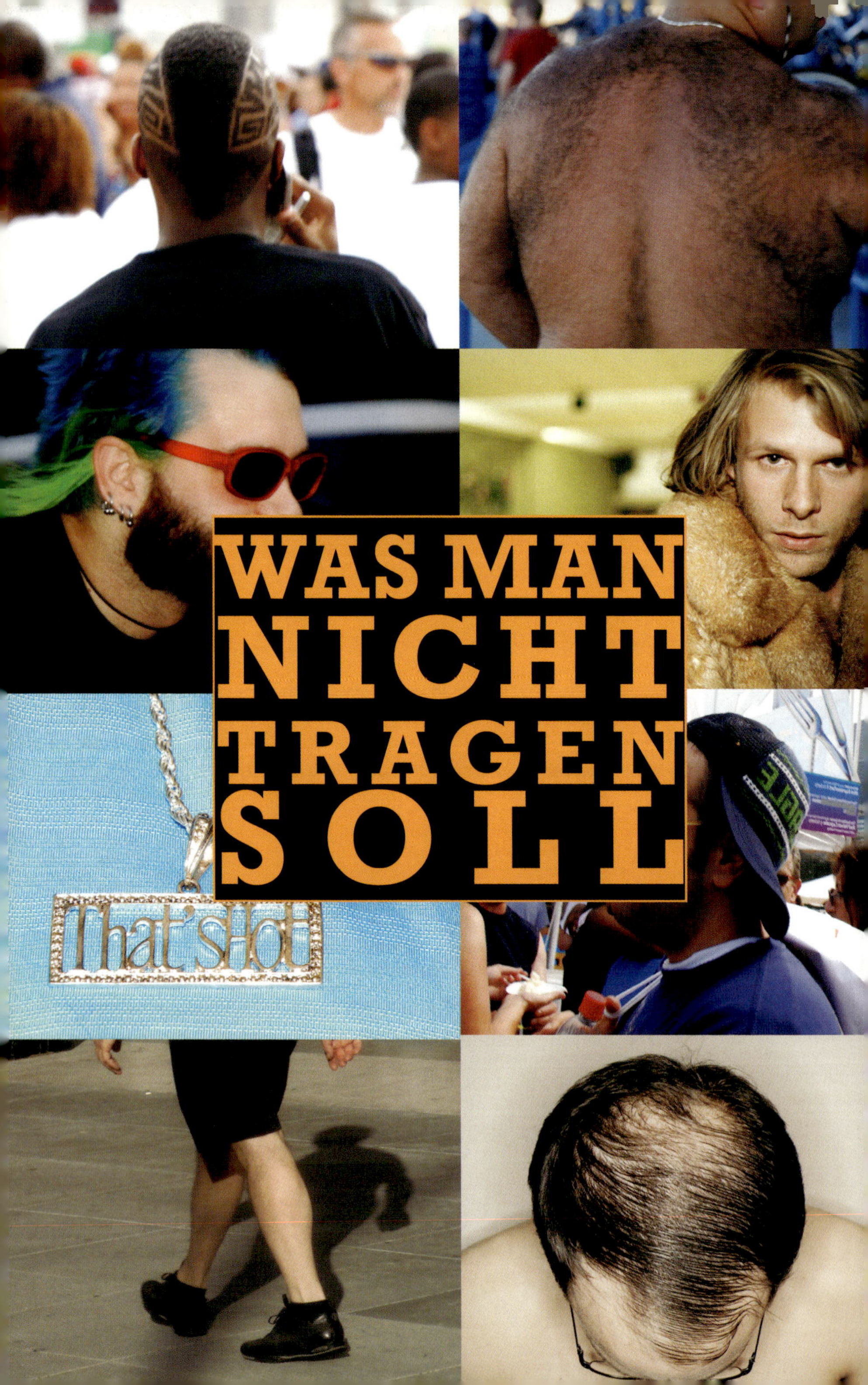

Der Vorteil an Outfitsünden ist, dass sie sich meist problemlos beheben lassen. Der Nachteil: Wenn eine Frau euch je in einem schlimmen Outfit gesehen hat, seid ihr in ihren Augen für immer und ewig kompromittiert.

Bei weniger schlimmen Modefehltritten ist noch Rettung möglich, aber auch sie erfordern entschlossene Gegenmaßnahmen, damit es doch noch zum Happy End kommt. Kleidungssünden sind deswegen so tragisch, weil eure Flamme nie erfährt, dass ihr Kindergärtner seid und Lenny Kravitz liebt (so weit kommt ihr nämlich gar nicht mehr). Sie sieht nur, dass ihr einen Pullover mit Weihnachtsmuster tragt – das sagt alles.

Hinweis: Viele Modefehltritte sind nur Warnsignale, die lässlichsten Sünden im Dating-Spiel. Und ehrlich gesagt spricht auch viel für Kerle, die nicht übermäßig aufgebrezelt und modebewusst sind. (Auch das macht Männer nämlich unattraktiv.) Außerdem: Welche Frau liebt es nicht, ihren Kerl ordentlich herauszuputzen?

Sag Nein zu Jorts!

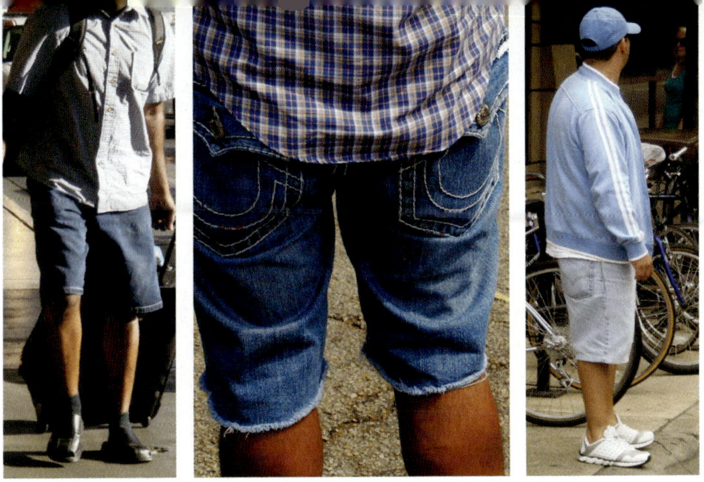

1. JORTS Falls ihr den Ausdruck gar nicht kennt: Hierbei handelt es sich um Shorts aus Jeansstoff. Also Jeansshorts, die irgendwo am Knie des Opfers enden. Die vielleicht schlimmste Männermode-Erfindung aller Zeiten! Da nützt es auch nichts mehr, dass es Jorts in den verschiedensten Stilen und Längen gibt – sie sind allesamt und jederzeit schauderhaft. Drücken wir es so aus: Selbst der Megastar Justin Timberlake sieht darin dämlich aus. Und er ist wirklich reich.

*Jorts zeigen an, dass ihr euch nicht zwischen Jeans und Shorts entscheiden konntet. Was hattet ihr vor? Wolltet ihr – so unser Verdacht – längere Shorts tragen, hattet aber Angst, zu förmlich darin auszusehen? Wolltet ihr mehr Richtung Freizeit-Look? Eure Optionen in diesem Fall: * Kakifarbene, etwa knielange Baumwollshorts (ohne Bundfalten!). Vorsicht: nicht kürzer! Zu kurze Shorts sind ein Fehlgriff für sich, siehe Nr. 89. * Klassische Cargo-Shorts. Die dürfen etwas länger sein, bis knapp unters Knie. Den Unterschenkel frei lassen. (Genauere Anweisungen gibt's auf undateable.com.)*

Du lieber Herr Jesus. Aufhören!

2. GRAUSIGE BÄRTE Walrossbärte, Fu-Manchu-Bärte, Schnauzer aller Art. Kommentar überflüssig. Schnell weiter.

3. SOUL PATCH alias Unterlippenbärtchen. Ein versprengtes Fleckchen Bart zwischen Unterlippe und Kinn. Gut zum Zwischenlagern von Frühstücksei. Erscheint in allen möglichen Formen, Größen und Farben – und ist fast immer grässlich. In ganz raren Fällen steht er einem ganz bestimmten Typ Mann, aber das kommt äußerst selten vor.

***WAHRE GESCHICHTE:** Unsere Freundin Annabelle (36) stimmte einem Blind Date mit einem wirklich attraktiven Mann zu: Er war mit Leuten aus ihrem Freundeskreis gut befreundet, war nett, hatte einen strammen Körper, vertrat politisch und weltanschaulich die gleichen Auffassungen wie sie, er war – wie sie auch – geschieden mit Kindern. Alles klang vielversprechend. Doch letztlich scheiterte die Sache an seinem Unterlippenbart. Als man ihr riet, sie solle ihn bitten, den Bart abzunehmen, sagte sie: »Das Problem ist, dass ich den Teil seines Gehirns nicht erreiche, der ihm einflüsterte, ein solcher Bart sei eine tolle Idee.« Ehrlich, Männer: Wenn ihr oberhalb eines bestimmten Alters noch solche Bärte tragt, verrät das einfach zu viel über eure tiefer liegenden Probleme.*

Hübsche Bikinirasur.

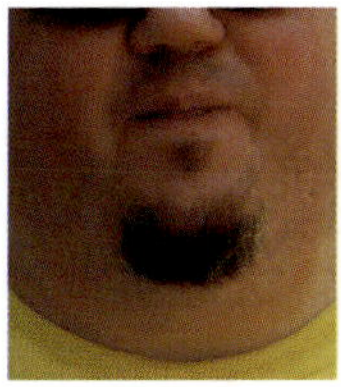

Nein.

Njet.

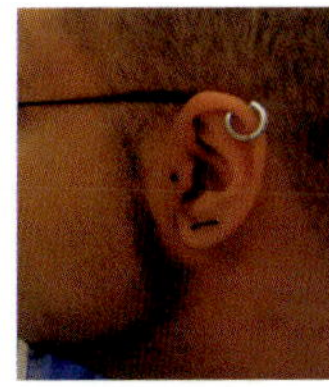

Himmel, nein!

Hübscher Pullover, Chewie.

4. HAARE AUF RÜCKEN, HALS, NASE ODER OHREN

Überflüssiger Pelz gehört geschnitten, entfernt, rasiert … Macht einfach, was notwendig ist, und schweigt darüber. Niemand will davon hören.

5. SCHLECHTE EIGENHAARVERPFLANZUNGEN Wenn ihr es darauf angelegt habt, dass Frauen nur noch auf euren Haaransatz schauen und darüber nachdenken, wie schrecklich schmerzhaft die OP gewesen sein muss, dann war die Verpflanzung ein voller Erfolg. Wenn ihr allerdings verschleiern wolltet, dass ihr kahl werdet, dann ging die Sache schief – komplett.

6. HÄSSLICHE GRAUE JOGGINGHOSEN Drei Stichworte, warum sie total abtörnen: HÄSSLICH, GRAU und JOGGINGHOSE. Zu Hause könnt ihr tragen, was ihr wollt. Aber bei einem Date? Also bitte!

7. ZU VIEL RASIERWASSER Eine tolle Methode, sich sechs Minuten im Voraus anzukündigen. Autsch! In eurer Duftwolke tränen unsere Augen – egal, was wir zum Essen bestellen, es schmeckt nach Drakkar Noir. So habt ihr schon drei unserer fünf Sinne beleidigt, noch bevor wir erfahren, was ihr arbeitet.

Immer langsam mit den jungen Pferden! Es geht auch weniger, äh, abstoßend. Schließlich sind Hunderte hübsche Produkte erhältlich, mit denen man nicht stinkt, als wäre man in alten Brandy getaucht und dann in Talkumpuder gewälzt worden. Versucht es mal eher subtil, mit einem Aftershave-Balsam, das dezent nach Geranie, Zitrus, Lavendel, Salbei, Rosmarin, Zedernholz oder Gurke riecht.

8. JEANS ZUM SKI-FAHREN

Nur zur Info:
Es gibt Kleidungsstücke namens Skihosen, die genau zu diesem Zweck entwickelt wurden. Skihosen sind wasserabweisend und gefüttert, damit ihr nicht friert. Besorgt euch welche.

9. GRATIS-ARTIKEL VOM ARBEITGEBER Regenjacken, Pullover, Polohemden und Sporttaschen mit Firmen-Logo signalisieren: »war umsonst«. Doch eure Firma ist nicht dafür da, euch einzukleiden. Seid ihr wirklich so stolz auf euer Unternehmen? Allerdings hat in der Geschichte menschlicher Sexualität noch nie eine Frau leidenschaftlich geflüstert: »Ich kann kaum erwarten, dir dein Targobank-T-Shirt runterzureißen.«

10. WEISSE SLIPS Einfach nur gruselig.

Wenn du aus irgendeinem Grund (wir wollen ihn gar nicht wissen) nicht gern Boxershorts trägst, versuch es mit Retropants, die geschnitten sind wie Boxershorts, aber eng anliegen. Boxershorts sind uns aber deutlich lieber.

Sexy wie ein
Serienmörder.

11. HOCHGEKREMPELTE JEANS Wer bist du? Doris Day? Du brauchst nur noch weiße Turnschuhe ohne Schnürung, dann kannst du dich bäuchlings auf deinen Flauschteppich legen und Tagebuch schreiben. Vergiss aber nicht, es anschließend abzuschließen!

Anmerkung zu Jeans: Mach hier keinen Fehler. Mit der falschen Jeans verdirbst du dein ganzes Outfit. Jeans sollten mittel- bis dunkelblau sein, auf der Hüfte sitzen, die Knöchel bedecken und mindestens bis zu den Schuhen hinunterreichen. Levi's 501 gehen immer. Ende der Geschichte.

12. SCHWARZE JEANS Wisst ihr, was wirklich gut zu schwarzen Jeans passt? Gar nichts. Und wisst ihr, warum? Weil sie echt hässlich sind. Jeans müssen einfach blau sein. Natürlich wissen wir, dass manche Männer auch in schwarzen Jeans gut aussehen, aber die meisten tun's nicht. Bitte nicht probieren, wenn ihr nicht gerade gertenschlanke Künstler oder Musiker seid. Sonst seht ihr nur aus wie ein Trauergast in Mississippi.

Nicht gut.

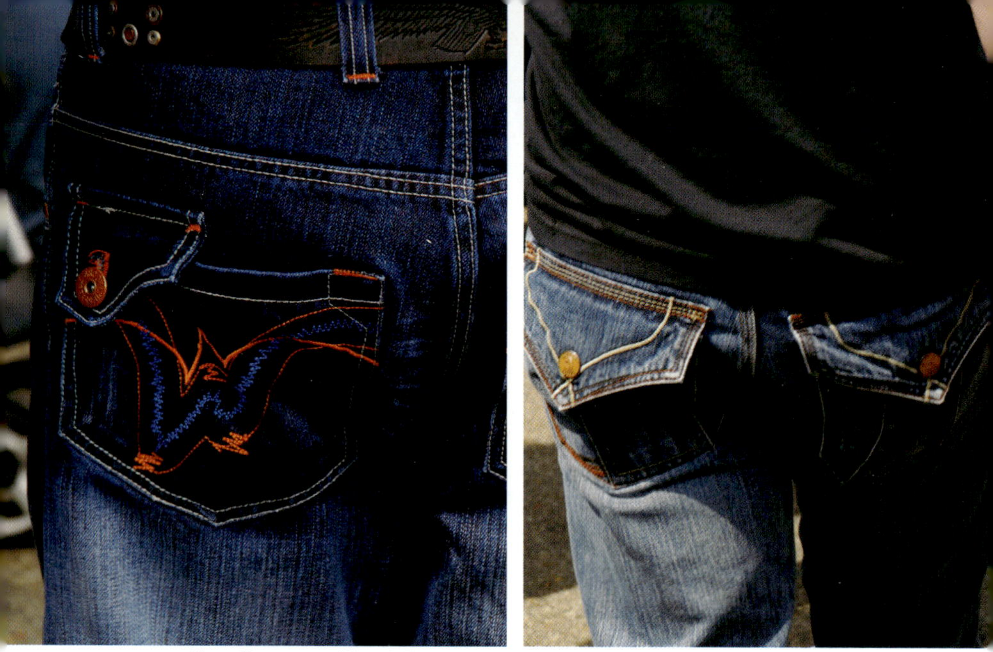

Um Gottes willen! Wann gehen wir Klamotten kaufen?

13. JEANS MIT VERZIERUNGEN Ziernieten, Strass-Applikationen, Stickereien, Bemalung … statt hip auszusehen, lauft ihr herum wie 17-jährige Mädchen.

14. DAD JEANS Für die Glücklichen, die nicht wissen, was das bedeutet: Dad Jeans sind unförmige Jeans, die bis zur Taille hoch gehen. Sehen immer unvorteilhaft aus, weil sie einen »langen Hintern« machen, der vage an SpongeBob erinnert. Dad Jeans sind nichts weiter als das von Männern getragene Pendant zur universell verlachten Mom Jeans. Übrigens: Mit Bügelfalte in der Jeans outet ihr euch als Nervensäge, bevor ihr auch nur ein Wort gesagt habt.

15. MIT SÄURE GEBLEICHTE JEANS Dieser Look hätte Mitte der 1970er aussterben sollen, doch wie ein sturer Vampir erhebt er immer wieder sein hartnäckiges Haupt. Beenden wir den Spuk, okay?

16. ZERRISSENE JEANS Sehen an jungen Sternchen wie Rihanna und Lindsay Lohan toll aus, aber nicht an Männern.

17. HIMMELBLAUE JEANS. Wir wissen nicht, warum, aber sie signalisieren immer: »VOLL-IDIOT!«

Wirke ich in diesen Jeans irgendwie schwanzlos?

Ganz in Jeans
(»bulgarischer Smoking«)

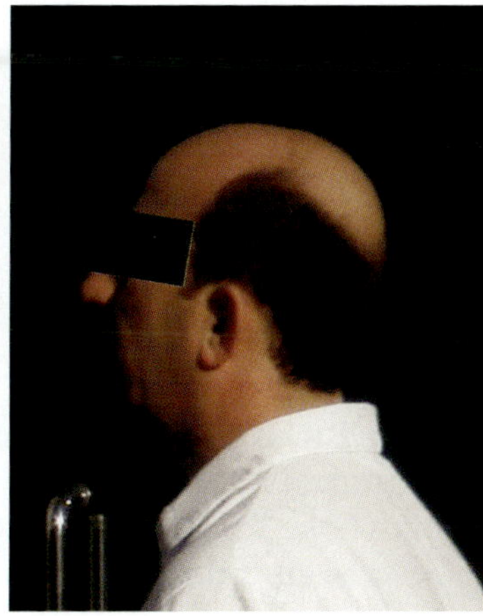

18. GÜRTELSCHNALLEN MIT BOTSCHAFT Such dir einen anderen Weg, um dich auszudrücken.

19. DER GARGAMEL (GLATZE MIT HAAR-RING AN DEN SEITEN) Nur gut, um Schlümpfe zu erschrecken. Schnell den Rest der Haare auch noch rasieren!

20. JEANS-OUTFIT Wenn du Jeanshemd oder Jeansjacke zu einer Jeans trägst, siehst du aus, als trügest du einen Jeans-Overall. Wir wissen, dass du beides liebst, aber du musst dich entscheiden. Und glaub nicht, du könntest dich mit einem Hemd aus Chambray-Stoff durchmogeln. Jeans oder Chambray – das ist uns Jacke wie Hose. Außerdem heißt »Chambray« auf Französisch ziemlich sicher »Depp«.

21. TRIKOTS Nur erlaubt, wenn ihr mit euren Kumpels Sport anseht. Halt, nein, das nehmen wir zurück. Trikots gehen gar nicht – erwachsene Männer sehen darin einfach nur bescheuert aus; sie wirken wie täppische, übergroße Siebenjährige.

»« **Glenn O'Brien, der Stil-Guru von *GQ*, schreibt: »Meiner Ansicht nach gehören Männer in Sporttrikots mit angemalten Gesichtern und in karnevalistischer Verkleidung zu den entsetzlichsten Verirrungen postmodernen Lebens. Man fühlt sich wie ein Römer beim Einfall der Hunnen.« Der Rapper Jay-Z erklärt: »Ich trage keine Sporttrikots. Schließlich bin ich über 30.«**

22. COSBY-PULLOVER Der legendäre Bill Cosby konnte sie sich erlauben, aber damals waren wir alle acht Jahre alt und wussten es nicht besser. Niemand hat seit Entstehung der Erde einen solchen Pullover getragen und darin auch nur im Entferntesten sexy ausgesehen. Mit anderen Worten: Zieh eine dieser Wollkatastrophen an, und du hast die Garantie, dass sich dir keine Frau mit ernsthaften Absichten nähert …

Auch bekannt als Cosby-Pullover

Locker ins Wochenende

Wir alle haben sie in Städten und Vororten herumlaufen sehen: Männer mittleren Alters im »Freizeit-Look«. Unter der Woche sind sie undercover unterwegs – in dunklen Anzügen und anständigen Schuhen sehen sie aus wie reife Erwachsene und erledigen in ihren Büros wichtige Erwachsenenarbeit. Doch am Wochenende sind sie modemäßig völlig verloren. Man erkennt sie an * bis zur Taille reichenden, dafür aber oberhalb des Knies endenden Kaki-Shorts mit Bundfalten, hochgehalten von dem Gürtel, der unter der Woche am Anzug seinen Dienst tut, * weißen Sportsocken (akkurat gebügelt), Laufschuhen oder Ledersandalen mit dicker Sohle, * Golfhemd mit Logo des letzten Hotels, in dem der Träger war (fast immer auf einer Veranstaltung seines Unternehmens). Abgerundet wird das Ganze durch einen Visor (Aaaargh!) oder eine Baseballkappe, wieder mit Logo. Sahnehäubchen: das Handy am Gürtel. Männer in solchem Look stellen aber kein Problem dar. Sie lassen sich mühelos umerziehen, weil Mode ihnen völlig egal ist. Sie sind wie große Puppen, die nur darauf warten, neu ausstaffiert zu werden.

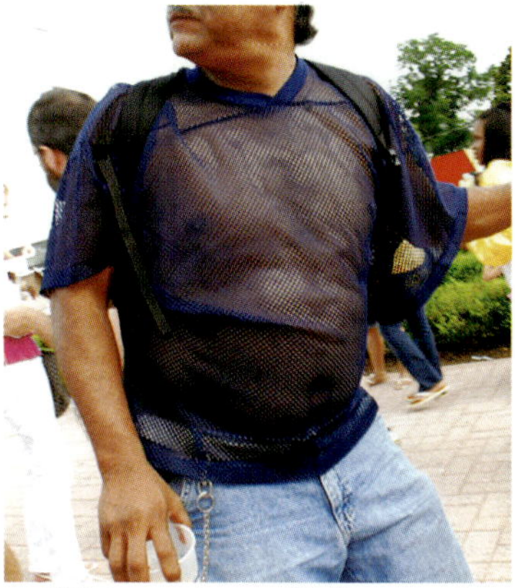

Gibt es etwas Geileres als Brustwarzen, die man durch ein Netzhemd sieht?

Danke, wir sehen dich!

23. NETZHEMDEN Hältst du dich für so heiß, dass normale Kleidung an deinem Körper in Flammen aufgehen würde? (Netzhemden waren in den Achtzigern mal für 30 Sekunden grenzwertig akzeptabel und sind seitdem unfassbar out, ein No-Go in jeder Lebenslage.)

24. KREISSÄGE Wer eine Kreissäge trägt, outet sich als jemand, der sehr viel Zeit vor dem Spiegel verbringt und an seinem »Look« arbeitet. Wer sich über den Hut lustig macht, bekommt vom Träger zu hören: »Wieso, ist doch retro.« Na und? Es gibt unendlich viele alte Dinge, die einfach Mist waren. Nervt und wirkt egozentrisch.

25. FARBIGE KONTAKTLINSEN Wow, das macht Angst! Du siehst aus wie ein Alien. Moment mal, woher weiß ich, dass du mir nicht Eierstöcke aussaugen willst?

ho. ho ... no.

26. PULLOVER MIT WEIHNACHTSMUSTER Ganz ehrlich: Es gibt keine Entschuldigung dafür, solche Pullover zu tragen. Schon klar, jemand hat ihn euch geschenkt – aber das ist uns total egal. Auch wenn ihr eine »Familientradition weiterführen« sollt: Macht den Rücken gerade und sagt einfach: Nein.

So sieht man wie ein Trottel aus.

27. KOPFTÜCHER Nur zu – wenn du wirklich aussiehst wie Matthew McConaughey oder eine Hauptrolle im nächsten Indiana-Jones-Film ergattert hast. Ansonsten überlass Bandanas und Co. den Surfern unter 20. Nein, halt, streicht das. Indy ist viel zu männlich, um je Kopftücher zu tragen.

28. GEBLEICHTE HAARSPITZEN Wagt es nicht, euch Haarsträhnen zu färben, die Haarspitzen zu bleichen oder Ähnliches! Warum machen ausgerechnet die Kerle mit den dicksten Muskeln solche Mädchensachen? Hmmm. Erzähl doch deinem Date mal, dass du sie abholst, sobald du deine Haarspitzen fertig gebleicht hast. Wir sind gespannt, wie das ankommt!

29. MAKE-UP Autsch. Selbstbräuner, Mascara, Eyeliner, Nagellack … alles pervers. Vergiss nie, dass du ein Kerl bist. Make-up geht gar nicht.

30. HAWAIIHEMDEN Leider haben es Hawaiihemden irgendwie aufs Festland geschafft. Inzwischen findet man sie überall – und sie sehen überall blöd aus. Gilt auch für die populären Tommy-Bahama-Hemden. In diesen Hemden wurdet ihr in Supermärkten, bei edlen Abendessen, in Flughäfen, bei der Arbeit, in der Kirche und selbst bei Betriebsausflügen gesichtet. Diese aus grässlichen Stoffen gemachten Hemden verkünden nur eine Message: »Hier lässt sich ein Versicherungsmensch mal richtig gehen.« Garantierte Sexbremse.

Treibt es nicht zu bunt!

Und so geht's: Bleibt stark, wenn ihr das nächste Mal den Drang verspürt, nach einem Hawaiihemd zu greifen. Wählt lieber ein Polohemd oder ein langärmliges leichtes Baumwollhemd aus Oxford-Stoff. Es darf weiß, hellblau oder dezent gestreift sein. Am besten ungebügelt und nicht in die Hose gesteckt. Ärmel hochkrempeln und los geht's.

Abschreckende Typen

Der Gangsta

Auweia! Männer im schon beschriebenen missglückten Freizeit-Look brauchen lediglich intensive Modeberatung und mehr Umgang mit anderen Menschen. Wer aber herumläuft wie Erkan & Stefan, tut das bewusst. Nur: Welcher normale Mensch kommt darauf, sich wie ein schwarzer Gangsta-Rapper anzuziehen, wenn er weder schwarz noch Gangster noch Rapper ist??? Also: Hände weg von schlabbrigen Caprihosen aus Jeansstoff (oder Adidas-Trainingshosen), von zeltgroßen Unterhemden, klobigen Ketten, seitlich oder verkehrt herum aufgesetzten Baseballkappen und brandneuen Turnschuhen. Gangsta finden Sachen »brontal« oder »krass« und nennen ihre Freundinnen Bunnys. Total hoffnungslose Fälle.

Hey Tex, bereit für den
Telefonkonferenz-Showdown
um 12 Uhr mittags?

31. ZUHÄLTER-SCHUHE Bevor du ein Paar Schuhe anziehst, stell dir folgende Fragen: Sind das scharfe Treter? Würden sie gut zu einem lila Anzug passen? Sind sie aus Krokoleder- oder Haifischhaut-Imitat? Sind sie ganz außergewöhnlich? Wenn du eine der Fragen mit Ja beantwortet hast, trägst du Zuhälter-Schuhe.

32. HANDY AM GÜRTEL Egal, ob es in einem Clip am Gürtel hängt oder in einem Holster steckt, verrät es jedem: »jederzeit erreichbarer Arbeitssklave der mittleren Führungsebene«. Anmerkung: Alles Angeclipte ist grässlich, besonders Krawatten.

33. LANGE FINGERNÄGEL Haltet eure Fingernägel sauber und kurz. Wenn ihr sie über eine Woche lang nicht geschnitten habt, ist das schon höchst verdächtig.

HANES

Für'n Arsch

34. DURCHHÄNGER Übertrieben schlabbrige Hosen, die so weit runterhängen, dass die Unterhose oder sogar der Hintern rausschaut. (Ja, ihr habt richtig gelesen.) Dieser Look sieht selbst an Rappern und Zwölfjährigen bescheuert aus. Zieht euch die Hosen hoch!

»Falls ihr euch je gefragt habt, wo der Look herkommt, denkt einfach an eure örtliche Polizeiwache. Diese wunderbare Mode stammt nämlich aus dem Gefängnis: In Haftanstalten werden alle Gürtel konfisziert, deswegen rutschen den Insassen ständig die Hosen runter.« Billie K.

Geht. Gar. Nicht.

35. KOCHSCHÜRZE Hallo? Bist du eine Hausfrau aus den Fünfzigern? Wo hast du deine platinblonde Perücke versteckt?

36. MÄNNERHANDTASCHE Pack deine Sachen bitte in eine hübsche Aktentasche, eine Kuriertasche oder einen Tagesrucksack. Alles andere kommt nicht infrage.

»« Der amerikanische Tennisspieler Andy Roddick ist kein Fan der Männerhandtasche. Auf seiner Website lästerte er über die Engländer: »Ich habe hier in London Kerle mit Männerhandtasche rumlaufen sehen … Alles, was größer ist als eine Geldklammer oder eine Geldbörse, soll deine Frau/Freundin einstecken … Damit wir uns verstehen: Eine Geldbörse kann man sich nicht über die Schulter hängen.«

37. RADHOSEN Finger weg, außer du fährst gerade ernsthaft Rad. Sonst siehst du darin aus wie der schlechteste Superheld der Welt.

Crocs: Würg!

38. CROCS Genial für Chirurgen, Imbissköche und Menschen, die lange auf Fliesen- oder harten Steinböden unterwegs sind. Alle anderen sollten ihre Crocs in den Müll werfen. Selbst bei Facebook gibt es eine Gruppe namens Crocs: Ist mir egal, wie bequem sie sind. Du siehst darin aus wie ein Volltrottel. Was bedeutet, dass potenziell 350 Millionen Menschen Crocs für eine schlimme Modeentgleisung halten.

39. TÜRKIS-SCHMUCK Hmmm. Da gibt es einige Möglichkeiten. Alternder, abgefuckter Cowboy. Im Gras liegender, Gras rauchender Hippie. Erleuchteter New-Age-Kristallfan. Wir stehen zwar nicht besonders auf den Look, aber wir bewundern eure Authentizität. Das größere Problem sind die Kerle, die den Schmuck in Mexiko am Strand oder in Santa Fe im Souvenirladen sehen und entscheiden: »Passt perfekt zu mir.«

40. RINGE AM KLEINEN FINGER Was willst du uns damit sagen? Wir assoziieren damit Pelzmäntel, Zuhälter, Las Vegas, Drogenhändler, Mafiosi, Seidenhemden, Mega-Machos und den Entertainer Liberace. Wenn ihr so wirken wollt, nur zu. Allerdings sollte euch klar sein, dass dieser Look schon sehr eigen ist. Sex? Könnt ihr so voll vergessen!

41. TARNJACKEN Wenn ihr zu einem Date in Tarnjacke aufkreuzt, gebt ihr uns nicht wirklich das Gefühl, ihr suchtet nach Liebe. Wahrscheinlich wollt ihr nur unsere Dosenravioli konfiszieren und sie in euren selbst gegrabenen Erdbunker bringen. Nur Stoff für die Härtesten.

42. SCHIEF SITZENDE BASEBALLKAPPE In den USA leider inzwischen eine landesweite Epidemie. Wir finden die Vorstellung, dass du vor dem Spiegel gestanden hast, die Lippen gespitzt, »Ich bin ja so cool« geflüstert und so lange probiert hast, bis der Schirm im genau richtigen Winkel abstand, derart erbärmlich, dass es uns schüttelt. Du siehst damit nicht aus wie ein Hengst, sondern wie ein Vollpfosten.

»Schief aufgesetzte Baseballkappen müssen gestoppt werden! Du glaubst vielleicht, sie sagen aus: ›Hey, ich bin einer von euch Jungs!‹ Doch in Wirklichkeit beweisen sie, dass du ein blinder Mitläufer bist, den man auch dazu bringen könnte, die eigene Pisse zu trinken.«
Lemondrop.com

Ein Trauerfall

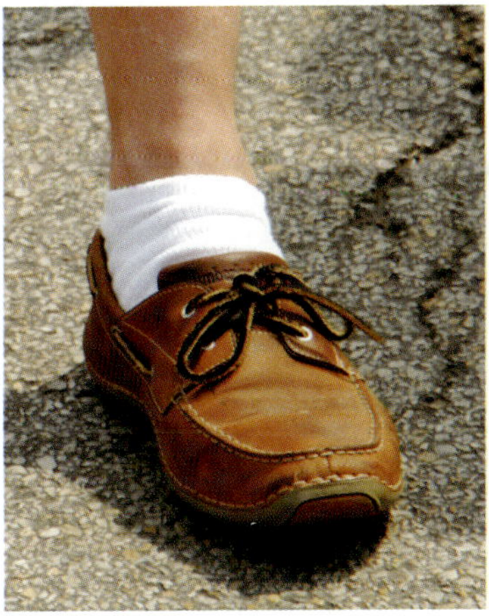 

43. WEISSE SOCKEN Nur erlaubt in Turnschuhen. Mehr dazu unter Nr. 44.

44. LANGE WEISSE BAUMWOLLSTRÜMPFE Gehen ausschließlich auf dem Sportplatz. Wir wissen, dass man sie günstig im Fünfer- und Zehnerpack kaufen kann. Lasst es einfach. Schon ein Paar ist zu viel.

Wenn du nicht mal weißt, welche Sportsocken du tragen kannst, hast du vermutlich auch sonst keine Ahnung, welche Socken zu welchen Schuhen passen. Nur um das klarzustellen: Zum Sport darfst du gern lange, weiße Sportstrümpfe tragen. Aber zieh sie nicht hoch, sondern lass sie auf die Knöchel runterrutschen. Sportsocken nur zu Sportschuhen anziehen! Zu allen anderen Schuhen solltest du einfarbige dunkle Socken aus Baumwolle, Wolle oder einer Mischung aus beidem tragen. Mit Dunkelblau kann man normalerweise nichts falsch machen. (Anmerkung: Schwarze Socken darfst du nur zu schwarzen Anzughosen tragen.) Solange es nicht zu kalt ist, darf man seine Slipper, Turnschuhe, weiße Buckskin-Schuhe etc. auch ohne Socken tragen. (Diese Schuhe passen zu Jeans, Kakihosen, Shorts etc.) Sandalen? Denk nicht mal dran, dazu Socken anzuziehen! Siehe auch Nr. 49.)

45. SELBSTTÖNENDE SONNENBRILLEN Also Sonnenbrillen, deren Gläser sich verdunkeln, wenn das Licht heller wird. Das Problem ist, dass man sich gerade noch mit einer scheinbar ganz normalen Person unterhalten hat, deren Brille plötzlich ganz dunkel wird, sodass der Mensch wirkt, als wollte er dir einen Sack über den Kopf stülpen, dich in seinen Lieferwagen verfrachten und verschleppen.

46. KLAPPSONNENBRILLE Dunkle Gläser, die man auf die Brille klappen kann. Uns ist schon klar, dass man damit Geld sparen kann, aber unserer Ansicht nach könnt ihr auf dreierlei Art mit Helligkeit umgehen: (1) echte Sonnenbrille kaufen, (2) Augen zukneifen oder (3) im Haus bleiben.

47. PIERCINGS Wir finden es ja eigentlich ganz toll, wenn jemand kreativ ist und sich selbst ausdrückt. Wie wäre es mit Malen oder einem Fotografie-Kurs? Aber sich Lippen, Zunge, Brustwarzen, Nase piercen oder gar das Ohrläppchen mit einer riesigen Scheibe weiten lassen? Das verstört uns. Und ja, wir haben auch gehört, dass eine gepiercte Zunge die sexuelle Lust steigern soll. Ist uns trotzdem egal. Ihr habt das Ding nämlich auch drin, wenn ihr mit euren Schwiegereltern oder eurem Boss redet.

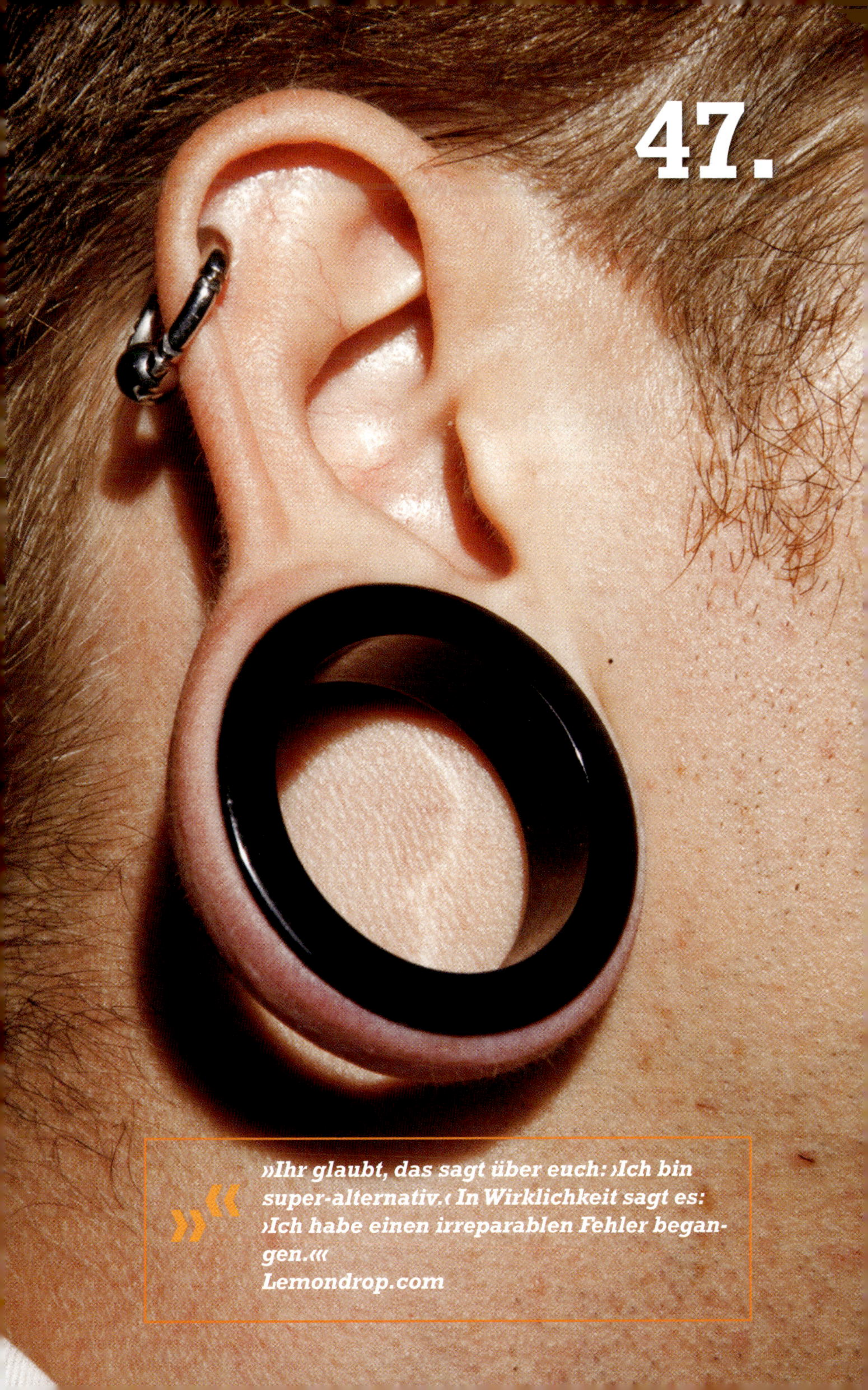

47.

»Ihr glaubt, das sagt über euch: ›Ich bin super-alternativ.‹ In Wirklichkeit sagt es: ›Ich habe einen irreparablen Fehler begangen.‹«

Lemondrop.com

Echt scharf.

Tolle Kombination!

48. GÜRTELTASCHEN Im Süddeutschen sehr treffend auch Wimmerl (Pickel, Eiterblase) genannt. Wir verstehen schon, dass sie praktisch sind. Aber das reicht nicht als Entschuldigung. Mit Gürteltasche sieht man einfach aus wie die eigene Großmutter auf Disneyland-Besuch. Egal ob ihr Wandern, Einkaufen oder auf Reisen geht: Nehmt einen Rucksack oder eine Kuriertasche.

49. HERRENSANDALEN MIT SOCKEN Tennisstrümpfe sind schon lächerlich, aber die Höchststrafe verhängen wir bei Sandalen mit, wir wagen es kaum auszusprechen: schwarzen Socken. Doch nachdem 2012 männliche Models von Louis Vuitton in Socken und Sandalen auf dem Laufsteg gesehen wurden, halten wir es sogar für möglich, dass dieser Look irgendwann mal akzeptabel wird. Aber nicht bei uns!

50. KLUNKER Auf der Welt gibt es vielleicht neun Männer, die mit schweren Klunkern behängt nicht total scheiße aussehen. Wenn ihr nicht Rapper oder Sport-Stars seid, vergesst es. Diamonds are a girl's best friend – die besten Freunde von Männern sind Hunde.

Daumen runter, Mann!

51. GIRLIE-SONNENBRILLEN
Hey, viel Spaß beim Mittagessen mit Beyoncé und Posh Spice. Und probier unbedingt den Cobb-Salat – einfach himmlisch!

52. SCHAUDERHAFTE POLYESTERHEMDEN

Gehören zu den schlimmsten Modesünden dieser Welt. Wer zieht so was an? (a) Frisch entlassene Sträflinge, die sonst nackt herumlaufen müssten, (b) Blackjack-Dealer in Las Vegas, denen in ihrer Freizeit egal ist, was sie tragen, Hauptsache, sie sind draußen, atmen Sauerstoff und sind nicht von roten Samtwänden umgeben, und (c) Schausteller auf Volksfesten. Sonst niemand!!!! Alle anderen müssen sich zusammenreißen. Bitte denkt an eure Mitmenschen! Aber echt! Wenn ich ein Mann wäre, würde ich lieber in einem Sari auf die Straße gehen als in so was.

Die unsäglichen

53. BADEHOSEN alias »Edelsteintäschchen« oder »Bananenhängematte«. Selbst wenn du Olympiaschwimmer oder Jetset-Playboy bist, wirst du mit Badehose in der Öffentlichkeit (außerhalb von Strand und Badegewässer) nur Schreckensschreie von Frauen aller Altersgruppen ernten. Sogar andere Männer werden gepeinigt zur Seite blicken. Führt zur sofortigen Disqualifikation. Bleib du am Strand, wir gehen allein essen.

Bade-
hosen.

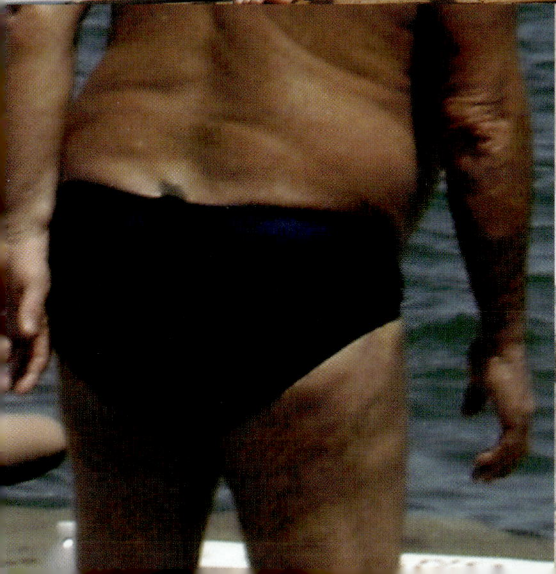

Der Pedant

Eigentlich ist es toll, einen Pedanten als Ehemann zu haben, weil er einem viel abnimmt: Die Frau muss nie Teller abwaschen, Glühbirnen wechseln oder die Garage kehren. Pedanten machen auch die Wäsche lieber selbst, gehen einkaufen und verkabeln die Hi-Fi-Anlage. Ihr kennt alle diesen Typen: »Stets zu Diensten. Kann ich was tun? Übrigens, weißt du, dass dein Abfluss mal wieder gereinigt gehört? Wenn man das zu lang aufschiebt, gibt das einen Riesenzirkus ...« HALT DIE KLAPPE! Das Problem an Pedanten ist, dass sie grässliche Nervensägen sind. Nach fünf Minuten in ihrer Gegenwart könnte man sich vor Verzweiflung einen Bleistift ins Auge rammen. Pedanten kleiden sich sehr ordentlich. Die Bügelfalten ihrer Hosen, selbst ihrer Jeans, sind immer mit dem Lineal gezogen. All ihre Hemden haben einen Kragen und sind fast zu Tode gebügelt – auch am Wochenende. Ein Pedant prüft den Wetterbericht, bevor er aus dem Haus geht, und hat »zur Sicherheit« immer einen Knirps-Schirm und einen Extrapullover dabei. Fühlt der Pedant sich wohl, trägt er seinen Pullover schon mal über die Schultern gelegt, die Ärmel lose um den Hals geschlungen. Lasst euch von dieser Lässigkeit nicht täuschen. Ein Pedant ist immer einsatzbereit. Noch nicht einmal zum Klo geht er ohne Handy. Pedanten sind nicht sexy.

54. PIRATEN-KOPFTÜCHER Diesen Look hat Keith Richards gepachtet. Alle anderen: Hände weg.

55. SCHWANGERE MÄNNER Männer im neunten Monat sollten wissen, dass es absolut okay ist, bis zum Entbindungstermin Sport zu treiben.

56. ED-HARDY-STIL Wer über 25 ist und seinen Lebensunterhalt selbst verdient, wirkt darin wie ein Vollidiot. Bastian Schweinsteiger und Stefan Effenberg haben gerade noch die Kurve gekriegt. Aber wir haben euch gesehen!

»« *Sagt der Trottel zum Mode-Nachäffer: »Man, deine Beckham-Welle und dein Ed-Hardy-Hemd sind echt KRANK! Sprühen wir uns mit Axe ein und gehen nach Schwabing!«*

»« »Wer ist dieser Ed Hardy und warum kotzt der dauernd auf Shirts und Caps???«, fragt die Facebook-Seite mit dem Titel »Dank Ed Hardy erkennt man Vollidioten jetzt schon von Weitem«.

9 TICKETS
9 TICKETS
KING OF BEERS
heiß ... oder
auch nicht.

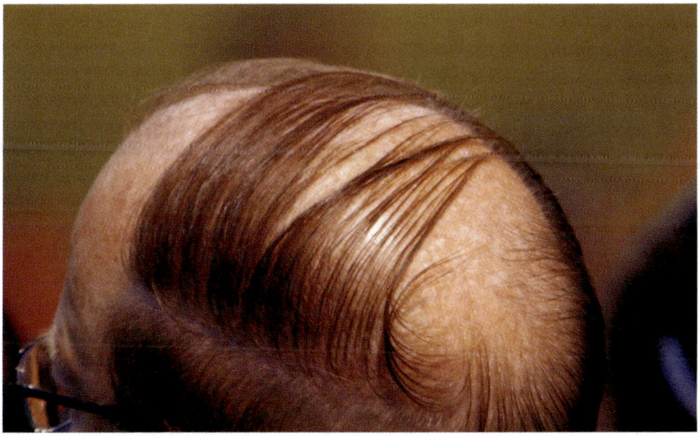

Das Werk eines Resthaarkünstlers.

57. HAARE ÜBER KAHLE STELLEN KÄMMEN Ertragt den Umstand, dass ihr kahl werdet, mit Würde. Googelt mal Bilder des Schauspielers Ed Harris, dann seht ihr schon, warum es eine prima Idee ist, seine letzten vier Resthaare auch noch abzusäbeln.

58. TATTOO-LANDSCHAFT Hier waren sich die von uns befragten Frauen uneinig. Die einen fanden Tätowierungen grässlich, die anderen scharf. Tattoos sind also eine riskante Sache. Überlegt genau, bevor ihr euch welche machen lasst. Es kommt sehr auf das Motiv, die Stelle, die Aussage usw. an. Das ist ein großer Schritt. Ihr müsst wirklich wissen, was ihr da tut.

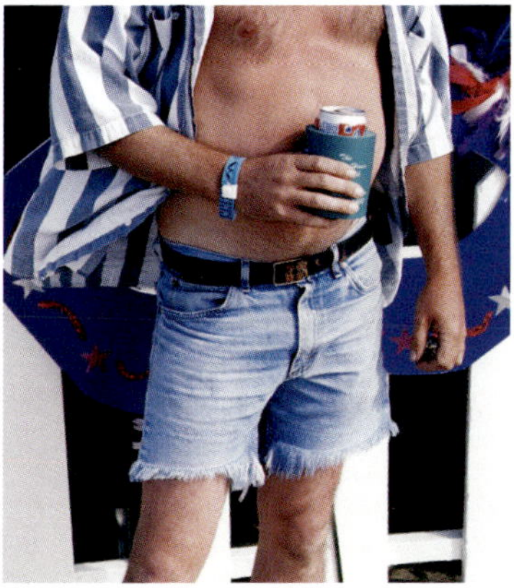

59. CUTOFFS Abgeschnittene Hosenbeine oder Hemdsärmel sind okay, wenn ihr in Florida Krokodile jagen geht. Sonst absolut nirgends.

»Ringe gegen Trinkgeld mit Krokodilen.«

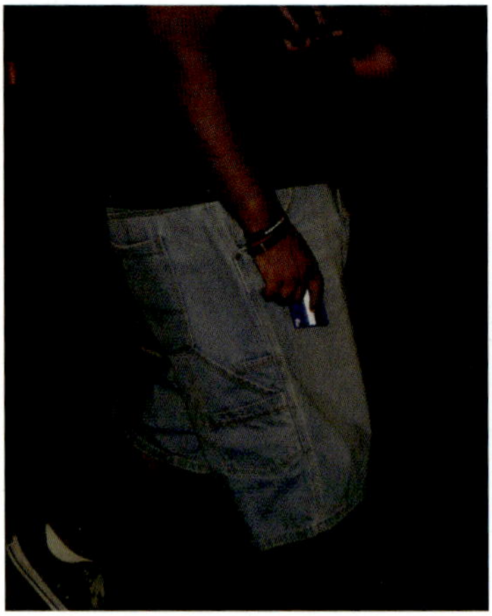

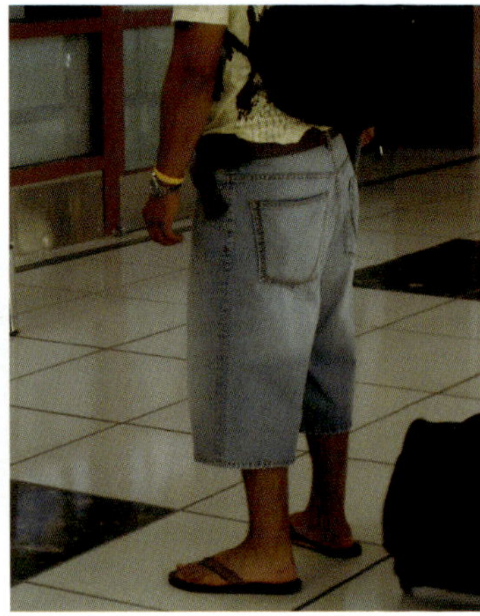

60. JAPRI-HOSEN Caprihosen aus Jeansstoff. Schlabbrige Jeans, die nur bis zum Unterschenkel reichen. Werden normalerweise nur von Rappern, Kevin Federline und törichten Zivilisten getragen. Sie sind der hässliche Cousin dritten Grades der Jorts: Eine an sich schon blöde Idee wurde hier zu Tode geritten. (Hilfe dazu unter Jorts, Nr. 1).

61. SILIKON-ARMBÄNDCHEN MIT MESSAGE Eines darf man aus Solidarität mit einem Freund gerade noch tragen. Wenn es aber 15 Bändchen sind, die sich bis zum Ellbogen aneinanderreihen, lässt der Charme dieses Looks schwer nach. Ihr habt einen Unterarm voll speckiger, miefiger Armbändchen. Zeit, sie abzuschneiden, Jungs.

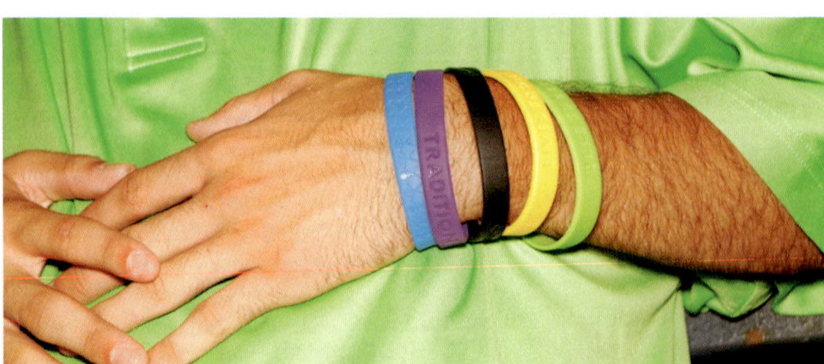

le japri.

62. VOKUHILA »Vorne kurz, hinten lang« bedeutet auch heute noch nicht, dass man von vorn seriös aussieht und von der Seite cool. Schaut euch an, wie Rudi Völler heute rumläuft. So wird's gemacht, Jungs.

DER TRIPEL-DECKER

WALLENDES GOLDHAAR

DAS CAPE

double trouble.

63. IN DIE JOGGINGHOSE GESTECKTES HEMD/T-SHIRT Muss euch wirklich noch gesagt werden, dass das blöd aussieht? Was kommt als Nächstes? Ein Gürtel dazu?

64. TANKTOPS Alles zur rechten Zeit am rechten Ort. Wenn ihr sie am Strand oder im Fitnessstudio tragen wollt (und den passenden Körper habt), nur zu. Überall sonst wird man euch in dem Look für einen Stricher halten.

65. PARTNERLOOK Ein Bild sagt mehr als tausend Worte.

66. ROLEX-IMITAT Schau mal auf die Uhr: Zeit zu verschwinden, Mr Gernegroß.

67. SONNENBRILLE DRINNEN ODER NACHTS

»Wisst ihr, wer drinnen Sonnenbrille trägt? Blinde und Arschlöcher«
Larry David (Comedian).

68. KRAWATTEN-KATASTROPHEN Die Krawatte eines Mannes ist wie der Busen einer Frau: so ziemlich das Erste, was ein Vertreter des anderen Geschlechts bei einem Treffen abcheckt. Mit einer hässlichen, grellen oder kitschigen Krawatte outest du dich sofort als Idiot. Wenn du nicht mal die Krawatte hinbekommst, ahnen wir, dass es nur noch schlimmer kommen kann. (Krawatten-Hilfe gibt's unter www.undateable.com.)

69. SPORT-SONNENBRILLEN / VERSPIEGELTE BRILLEN / WRAP-AROUND-BRILLEN Diese Accessoires wurden für den Sport designt, und dabei sollte man sie auch tragen. Zum Anzug oder zu netten Klamotten passen sie so gar nicht. Zu unserem großen Leidwesen hat eine Untergruppe der Bevölkerung, auch bekannt als Mega-Knallköpfe, sie zum Teil ihrer Uniform gemacht.

Dazu schreibt GQ: »Mit Piloten-Sonnenbrillen (egal welcher Marke) liegt ihr nie falsch. Sie gehören in diese extrem rare Kategorie ›Immer cool‹. Nur zu, kauft euch welche.«

70. UNIFARBENE KLEIDUNG Wer bist du, der rote Blitz? Klar, deine Mama hat gesagt, du solltest deine Kleidungsstücke »aufeinander abstimmen«, aber alle Jungs über sechs Jahre sollten mehr als eine Farbe tragen.

71. NEONFARBENE KLEIDUNG Neonrosa, -grün und -gelb sind für Kindersocken und Textmarker akzeptabel, sonst nirgends. Kein Mann braucht je irgendetwas Neonfarbenes zu tragen.

72. HOSENTRÄGER UND GÜRTEL Du hast offenbar das Prinzip von Hosenträgern nicht kapiert: Sie sollen die Hose hoch halten, *genau wie ein Gürtel.* Bleib beim Gürtel. Schließlich läuft hier kein Wettbewerb, die Hose auf besonders originelle Art oben zu halten. Vertraut uns, mit Hosenträgern wirkt ihr etwa so sexy wie Larry King. Eine Sex-Ikone ist was anderes. INSIDERTIPP: Motiv-Hosenträger mit Smileys, Noten oder Spielkarten sind um nichts besser. Mit ihnen seht ihr aus wie Geeks.

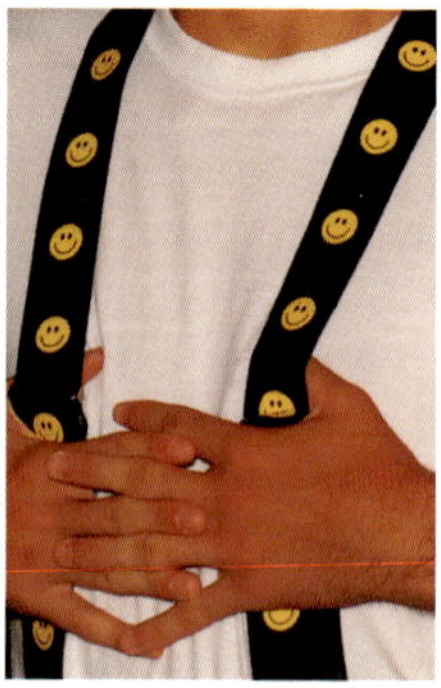

Hallo, ich bin der Waldmeister!

Der Ultra

Man sieht sie überall: Männer in den Trikots ihres Vereins, die aussehen, als ob sie auf Zuruf sofort auf den Platz springen und mitspielen könnten. Sie halten die Spieler dort unten für ihre Brüder und fühlen sich deswegen verpflichtet, bei jeder Schiedsrichterentscheidung gegen das Team völlig auszuticken. Sie brüllen gerne Sachen wie »GIB'S IHM!« oder »YEAH, BABY!« und klatschen die anderen verschwitzten, brüllenden Fans in ihrem Block ab. Sie sind zur Halbzeit meistens schon betrunken und schwärmen gern von der Qualität des Essens im Stadion. Als ob uns das im Geringsten interessieren würde.

73. DIE »DÜMM UND DÜMMER«-FRISUR
Wirklich nicht. PS: Nicht vergessen, den Lockenstab auszuschalten.

74. ZU VIEL GEL IM HAAR Egal, ob ihr eure Haare zum Igel aufstellt oder am Kopf festbetoniert wie Steven Seagal – jeder Kerl mit überkandidelter Frisur ist in unseren Augen eine Diva. Sich übermäßig darum zu sorgen, wie das Haar liegt, und größten Wert auf die richtigen Haarpflegeprodukte zu legen, ist überaus unmännlich. Es sagt über euch: »Hier schreit ein Riesenbaby nach Aufmerksamkeit.«

75. HOSEN/SHORTS MIT BUNDFALTEN Nein, nein und nochmals nein. Kommt – wenn überhaupt – nur bei Anzughosen infrage. Doch selbst dann: Warum nicht einfach eine Hose ohne Bundfalten nehmen? Glaubt uns: Extrastoff um die Taille lässt überhaupt niemanden besser aussehen.

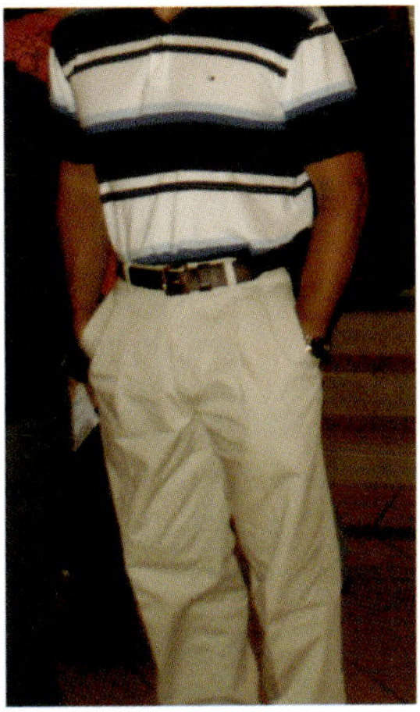

76. GANZ IN SCHWARZ Schwarzer Adler auf schwarzem Grund. Entweder bist du Guido, Johnny Cash oder völlig ahnungslos der Besenkammer in einem Vorort entstiegen. Funktioniert nur bei Gruftis oder Rockabillys.

77. KURZÄMLIGES HEMD MIT KRAWATTE Für uns ist das der Inbegriff für eine totale Flasche. Absurd, dass die Typen die so herumrennen, meist recht schlau sind – nur sieht man es ihnen einfach nicht an. Es hat schon seinen Grund, dass ein Elektrohändler dies ausgerechnet seinen Fachberatern als Dienstkleidung verpasst hat.

» « *Wie Cary Grant einmal sagte: »Wenn ich kurze Ärmel tragen will, kremple ich sie hoch.«*

78. DOOFE T-SHIRTS Wenn du uns glaubhaft machst, dass du nicht lesen kannst, lassen wir dich in Ruhe.

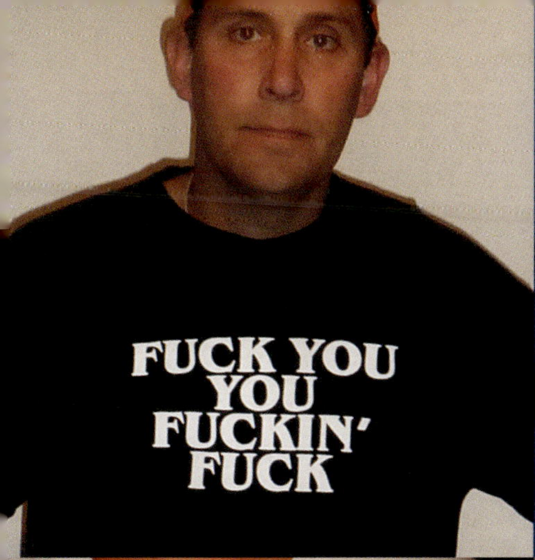
FUCK YOU
YOU
FUCKIN'
FUCK

FBI
FEMALE BODY INSPECTOR

DEER HUNTING
FIND ONE WITH A
BIG RACK
AND MOUNT IT!

MAN
OF THE
MATCH

I AM THE
BIG
DOG
DAD

ADDICTED
TO PORN

79. »DADDY LIEBT MICH NICHT«-HAARE Mädchenhaft, emo und grufti-mäßig. So gestylte Jungs sind oft missmutig und launenhaft.

80. INS HAAR RASIERTE MUSTER Mögen sogar interessant, erstaunlich oder echt cool sein. Aber ausgehen tun wir nicht mit euch.

81. SCHLECHTE TOUPETS Gibt es überhaupt gute Toupets? Die Antwort lautet: Nein. Lauft lieber kahl herum. Das ist okay. Ehrlich.

82. DAUERWELLE Riesenfehler. Das hättet ihr eigentlich schon merken müssen, als sich beim Friseur außer euch nur Hausfrauen mittleren Alters Dauerwellen machen ließen. Wenn ihr jetzt vorbringt, ihr konntet das nicht wissen, weil ihr eure Dauerwelle zu Hause selbst gemacht habt, dürft ihr noch eine Stufe höherrücken, auf »Todeskuss«.

83. IROKESE Warum müssen wir überhaupt noch darüber reden?

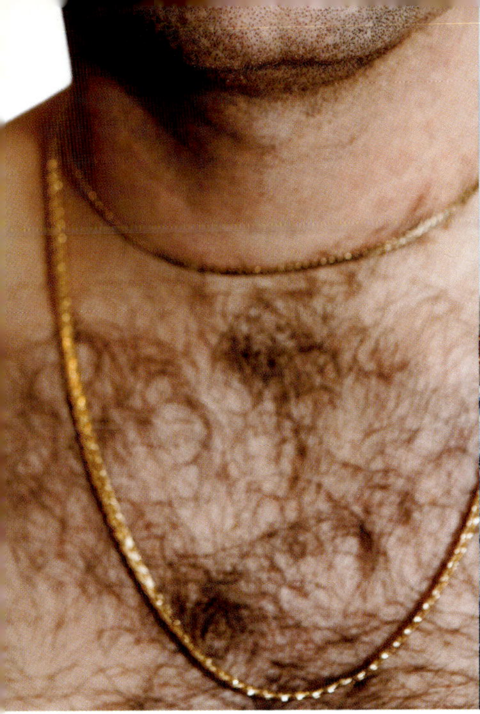

84. BECKHAM-WELLE Irokesenschnitt für Weicheier, bei dem die Haare seitlich nicht abrasiert, sondern nur gekürzt, die Haare auf dem Scheitel aufgestellt und womöglich auch noch gefärbt werden. War okay für Becks, alle anderen sehen damit endblöd aus. Finger weg!

85. GOLDKETTCHEN Wir sind allgemein keine großen Fans von Goldschmuck oder Männer-Accessoires (Ausnahmen: tolle Uhren und schlichte Eheringe). Und Goldkchetten? Für Kleinganoven.

86. ÄRMELLOSE T-SHIRTS Noch so ein Look, der so ziemlich alles sagt. Und mit »alles« meinen wir: Der Träger ist ein primitiver Blödmann. Lass die Shirts im Fitnessstudio.

PIZZA
Fresh Taste

Abschreckende Typen

Der Schlaffi

Verbringt jede Minute außerhalb der Arbeitszeit in reiner Baumwolle. Sein Look besteht aus schlabbriger Jogginghose, T-Shirt und Tennissocken. Ihr merkt schon, wir haben die Schuhe nicht erwähnt. Die braucht er auch nicht, denn der Schlaffi verlässt nur ungern das Haus. Er verbringt das ganze Wochenende auf der Couch, wo er Videospiele spielt, Sport guckt, Chips isst und Bier trinkt. Wenn ein Schlaffi eine Frau fragt, ob sie am Samstag mit ihm »ausgehen« will, meint er eigentlich, ob sie zu ihm rüberkommen will. Hoffentlich trägt sie auch was Bequemes, denn der Schlaffi hat einen »gemütlichen Abend zu Hause« geplant – auf der Couch fläzen, fernsehen, dazu ein paar Bierchen. Wenn die Frau ihren Charme spielen lässt, springt vielleicht sogar noch eine Pizza raus. Vom Schlaffi darf man nicht erwarten, dass er Frauen schick ausführt. Warum weggehen, wenn der gemütlichste Ort der Welt vor dem eigenen Fernseher ist? Direkt neben dem Kühlschrank.

87. LEDERHOSEN Fußballfans fordern schon lange: »Zieht den Bayern die Lederhosen aus!« Dabei sind Trachten-Lederhosen die einzig legalen, um alle anderen Lederhosen müsst ihr einen weiten Bogen machen. Kommt schon, tief drinnen wisst ihr, dass sie idiotisch aussehen.

Echt?

88. PELZMANTEL Hier ein Vorschlag: Gebt ihn uns, er wird einen hübschen Bettvorleger abgeben.

89. KURZE SHORTS Die meisten Jungen über fünf weigern sich rundheraus, sie zu tragen. Warum man sie dennoch immer wieder mal an erwachsenen Männern sieht, ist uns daher schleierhaft. Dämlich.

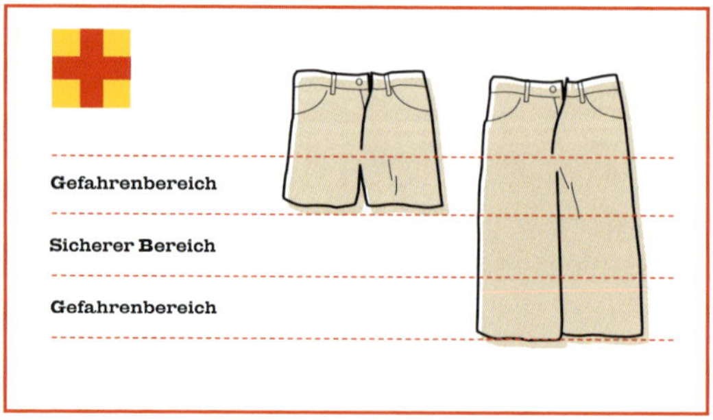

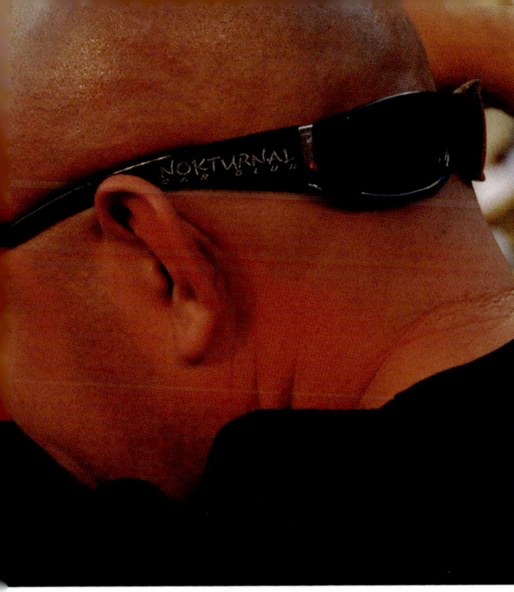

90. SONNENBRILLEN AM HINTERKOPF Hä?

91. FREISPRECHEN IN DER ÖFFENTLICH-KEIT Im Auto dürft ihr, ja müsst ihr mit Freisprech-anlage telefonieren. Aber sonst? Wer über den Bürgersteig gehend oder im Restaurant sitzend mit einem unsichtbaren Freund redet und heftig mit den Armen wedelt, wirkt entweder völlig verrückt oder wie Mr Oberwichtig. Beides kommt nicht gut an.

» « *Selbst die nun wirklich technikfreundliche Zeitschrift* Wired *mahnt: »Vielleicht habt ihr in eurer Jugend zu viel* Der Sechs-Millionen-Dollar-Mann *und* RoboCop *gesehen, weshalb ihr jetzt glaubt, den Körper mit Elektronik aufzupeppen sei obercool. Deshalb möchten wir hier klarstellen: Mit einem Bluetooth-Clip am Ohr herumzulaufen ist das Hinterletzte.«*

92. IN DEN BUND GESTECKTER PULLOVER Sieht nur gut aus, wenn der Pullover sehr dünn ist und zu eurem Rock passt.

93. ÜBERTRIEBENE BRÄUNE Seht euch nur Dieter Bohlen an. Ein tiefgründiger, kluger, zurückhaltender Mensch – aber mit seiner goldenen Sonnenstudiobräunung wirkt er wie ein Proll. INSIDERTIPP: Noch schlimmer sind Bräunungsduschen. Männer dürfen nur braun sein, weil sie in der Sonne waren. Punkt.

94. AUGENBRAUEN ZUPFEN UND TRIMMEN Noch so eine seltsame Körperpflege-Angewohnheit jener leider wachsenden Gruppe der Mega-Deppen (s. S. 169). Als ob es nicht reichte, Selbstbräuner zu verwenden, Eyeliner zu tragen und sich ein Brustimplantat machen zu lassen! Müsst ihr euch jetzt auch noch die Augenbrauen zupfen und trimmen lassen? Hallo? Wieso benehmt ihr euch wie Girlies?

95. NABELFREIE HEMDEN Tragt ihr vermutlich, um eure tollen Bauchmuskeln zu zeigen. Glückwunsch zu eurem Sixpack – doch leider tragt ihr Hemden, die Britney Spears populär gemacht hat. Ihr versteht schon, warum ihr darin nicht cool ausseht, oder?

96. GESCHMACKLOSE POLYESTERANZÜGE Wir möchten Männer um uns, die sich anziehen, als gehörten sie in diese Epoche.

»« *Als Gayle K. von unserem Projekt hörte, sagte sie: »Bitte nehmt die leicht entflammbaren Polyesteranzüge auf, die ca. 1982 mal modisch waren. Ach, und vergesst nicht: glänzend und blaugrün müssen sie sein.«*

97. SKULLET Vokuhila mit Glatze vorn. Ohne Worte.

Propét
Propét

98. HYBRID AUS HALB- UND SPORTSCHUH Bequem und seltsam. Nur akzeptabel für Rentner auf einer geführten Tour durch Pompei. Ansonsten ziemlich unsäglich, besonders in Hautfarbe oder Schwarz. Extra-Punktabzug für Klettverschlüsse.

Hier gibt es viele Optionen: (1) klassische Derbys; am besten in Dunkelbraun, Hellbraun oder Weiß. (2) klassische Slipper; mit Corduanleder liegt man nie falsch. Ohne Socken, sobald es wärmer als 20 Grad ist. Sexy. (3) Weiße Adidas- oder Stan-Smith-Turnschuhe mit dunkelblauen oder Rod-Laver-Schuhe mit grünen Einfassbändern. Klassiker der alten Schule für entspannte Wochenenden, schick genug, um sie zu Kakihosen und Blazer auf einer Dinnerparty zu tragen. (4) Niedrige Converse- oder Jack-Purcell-Treter. Ebenfalls old-school-cool. (5) Sperry Bootsschuhe (alias Top-Sider) – aber NIE mit Socken! Mit all den eben erwähnten Optionen könnt ihr nichts falsch machen. Lassen sich prima mit Jeans, Kakihosen, Shorts usw. kombinieren. Funktioniert immer.

99. HOCHGEKREMPELTE HOSEN Haben wir die Hochwasserwarnung verpasst? Sofort runter-krempeln!

100. GETÖNTES HAAR Nur so viel zu Haartönungen: Wenn ihr ein bisschen Grau überdecken wollt und das professionell erledigen lasst, prima. Wenn ihr aber über das Waschbecken gebeugt dasteht, die Anweisungen auf der Packung studiert und euch »kupferfarbene Strähnchen« macht oder das Haar burgunderrot färbt, werdet ihr kaum je eine Frau finden, die auch nur mit euch reden will.

101. ZUBAZ-HOSEN (Pyjama-ähnliche Stretch-Hosen oder -Shorts mit wilden Streifenmustern) Schon gut, ihr findet sie bequem. Aber sie sind auch bescheuert, lassen euch bescheuert aussehen und verkünden der Welt: »Ich habe nicht den geringsten Stolz.« Ehrlich, diese Hosen sind das modische Äquivalent zur Vasektomie.

102. VERSCHWITZTE T-SHIRTS Konzentrische gelbe Kreise unter deinen Achselhöhlen verkünden der ganzen Welt: »verschwitztes Schwein«.

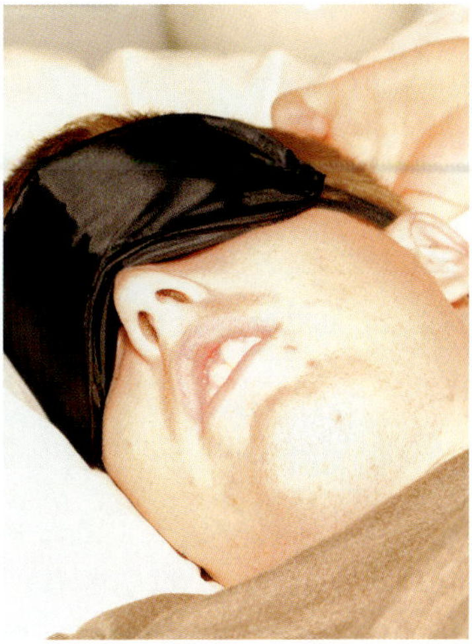

103. GELDBEUTEL AN KETTE Wow, du musst ja ein ganz Wilder sein! Welche Verrücktheiten planst du denn mit uns, dass du deinen Geldbeutel anketten musst? Dragster-Rennen? Hahnenkämpfe? Ringen mit einem Crackhead? Klingt alles sehr lustig, aber wir verzichten.

104. SCHLAFMASKE Oh ja ... Schmieren wir vor dem Schlafengehen auch eine dicke Schicht duftender Feuchtigkeitscreme auf unsere Hände und schützen sie dann mit Plastikhandschuhen?

105. IN DIE HOSE GESTOPFTES HEMD Hemden gehören ausschließlich in Anzughosen gesteckt – nicht gestopft! – und sonst nirgendwohin! Erst recht nie so straff, dass sich eure Wampe abzeichnet. Im wievielten Monat seid ihr denn?

Was man NICHT SAGEN sollte

Schon ein einziger Satz, eine Phrase kann eine Sache im Keim ersticken, die sich zu etwas Tollem hätte entwickeln können. Das Hauptproblem mit sprachlichen Fehltritten: Hier sind die Möglichkeiten unbegrenzt, wir stehen vor einem Fass ohne Boden. Und euch fällt immer wieder Neues ein! In diesem Bereich wird mit Abstand am meisten Schaden angerichtet. Seine Garderobe kann man immer ändern, aber wie repariert man diese Instanz im Kopf, die eigentlich verhindern sollte, dass man bestimmte Dinge ausspricht? Vertraut uns also einfach bei dem, was jetzt kommt …

106. »LIEBE MACHEN«

Sagt einfach »mit dir schlafen«. Etwas angestaubt, aber akzeptabel. Noch besser: Gar nichts sagen, sondern einfach tun. Fragt uns übrigens auch nicht, ob ihr uns küssen dürft. Das verdirbt nur den Augenblick.

107. »LASS ES UNS TUN« Aaargh! Sind wir noch in den Siebzigern?

108. »MEINE GELIEBTE« Geht es vielleicht noch ein bisschen steifer?

109. DEN WAGEN (o. ä.) »**ABSPRITZEN**« Tilgt dieses Wort sofort aus eurem Wortschatz. Uns ist egal, ob ihr bei der Feuerwehr seid oder sonst was: Dieses Wort ist tabu!

110. BABYSPRACHE STRENGSTENS VERBOTEN! *Denkt* nicht mal dran, es zu versuchen. »Gugugu, komm kuschel-muscheln!« Das macht euch so sexy wie Teletubbies. Führt zur sofortigen Disqualifikation.

111. »ABROTZEN« Ja, spinnt ihr? Wir hoffen mal, ihr meint damit »sich die Nase schnäuzen«. Aber selbst das braucht ihr in unserer Gegenwart nicht mal erwähnen. Holt euer Taschentuch raus und tut es einfach. Falls ihr die anderen Bedeutungen des Verbs nicht kennt, hier ein paar Synonyme: »sich einen runterholen«, »abspermen«, aber auch »intrigieren« und »über andere herziehen«. Einfach die Klappe halten.

112. ABGEMILDERTES FLUCHEN »Verflixt«, »Scheibenkleister«, »Scheibenhonig«, »Armleuchter« usw. Derbe Flüche finden wir natürlich nicht toll, aber gelegentlich sind sie einfach angebracht. Oder haust du dir etwa mit dem Hammer auf den Daumen und grummelst »Scheibenkleister«? Hast du eigentlich Eier in der Hose? Weißt du, wie unmännlich das klingt, wenn du deinen neuen Wagen verschrammst und dann »zum Kuckuck« brüllst? Flüche heißen auch »Kraftausdrücke«, und Kraft sollten sie verdammt noch mal auch haben!

Abschreckende Typen

Der Muskelprotz

Hast du dir je *Dog – der Kopfgeldjäger* angesehen und gedacht: »Wow, Dog hat's echt drauf!«? Dann möchten wir dich an dieser Stelle dringend warnen. Wir finden Bodybuilder mit ihren aufgeblasenen Muckis völlig unattraktiv. Diese Typen (vielleicht sogar mit Bizeps-Implantaten?) sind im Grunde Actionfiguren, die man am besten in einer Schachtel verstaut. Der Tag des Muskelprotzes ist gefüllt mit Training, In-den-Spiegel-Schauen und Bräunungsarbeit, für Bücher oder Gespräche bleibt ihm keine Zeit. In diesem Sinne sind Bodybuilder ein wenig ... beschränkt. Kino, Literatur, Politik, Reisen, Musik – für den Muskelprotz sind das reine Ablenkungen, die er um jeden Preis meidet. Wie soll man sich auch auf die korrekte Dosierung des Proteinpulvers konzentrieren, wenn man die Nachrichten verfolgt? Außerdem gibt es mehr im Leben als andere Leute, ihre Interessen und Meinungen. Der Muskelprotz konzentriert sich lieber auf das wirklich Wichtige, nämlich auf seine Bodybuilder-Zeitschrift und die Frage, ob sein linker Brustmuskel größer ist als gestern. Mal ehrlich: Wenn Männer so aussehen, geschieht das nicht von selbst.

113. ABWERTENDE BEZEICHNUNGEN FÜR BRÜSTE »Titten«, »Ballons«, »Airbags«, »Apfeltaschen«, »hängende Gärten«, »Ding und Dong«, »Euter«, »Glocken«, »Möpse«, »Oschis«, »Holz vor der Hütte« usw. usf. Spart sie euch einfach!

114. »YOU DA MAN« Wird jemandem zugerufen, der gerade etwas gemacht hat, das einem gefällt. Also LeBron James nach einem Slam dunk beim Basketball. Deinem Vetter, wenn er am Flussufer deinen Außenbordmotor gefunden hat. Deiner Freundin, wenn der Sex hervorragend war. Die Antwort darauf ist ein missglückter oder peinlicher High-Five, der nur beweist, dass ihr beide nicht »da man« seid.

115. »KOMM ZU PAPA!« Indem ihr das Bild unseres Vaters heraufbeschwört, setzt ihr den Abend erotisch nicht richtig auf die Gleise. Glaubt uns.

116. »DAS GEHT MIR ECHT AUF DEN SACK« He, immer mal langsam mit den Vulgärausdrücken. Natürlich auch verboten: »… auf die Eier«, selbst »… geht mir auf den Senkel« gefällt uns nicht, siehe Nr. 112.

117. »GLOTZE« Und wie waren die Jahrzehnte, die du ohne Kontakt zu anderen Menschen im Dschungel verbracht hast?

118. »PASST SCHON« In häufiger Wiederholung absolut nervtötend, wenn es gesagt wird, um die eigenen Gefühle zu kaschieren. »Ich verlasse dich.« – »Passt schon.« Oder: »Du hast deine Eltern verloren? Du Armer!« – »Passt schon.« Häng dir gleich ein Schild um den Hals, auf dem steht: »Ich habe ein beschränktes Vokabular und Probleme damit, meine Gefühle auszudrücken.«

119. »BOOYA«

Niemand, der diesen Ausdruck je verwendet hat, wurde danach noch ernst genommen. Du bist nicht mehr unter deinen kalifornischen Surf-Kumpels!

120 »POPPEN« ODER »KNALLEN«. Ach nee. Sagt ihr so was wirklich? Werdet erwachsen!

121. »KLITORIS« Ohne Worte. Mach dich lieber auf die Suche und tu das Richtige, wenn du sie gefunden hast. Dann kannst du sie nennen, wie du willst.

122. »BITCH« Autsch. Wie bist du denn aus Harlem rausgekommen? Rate mal, wie viele Punkte du bei uns sammelst, wenn du uns als »Schlampe« oder (wörtlich) als »Hündin« bezeichnest.

123. »BRUDER VOR LUDER« Wie in: »Ich kann heute nicht mit dir und deiner Schwester zu Abend essen, ich treff mich mit Karl. Bruder vor Luder, Baby.« Ruf wieder an, wenn du deine Prioritäten sortiert hast. Romeo überwarf sich mit seiner Familie, um bei Julia zu sein. Der Trojanische Krieg wurde um eine Frau geführt. Und du erzählst mir, dass du lieber mit einem Typen, den du in der Fahrschule getroffen hast, Wiederholungen von *Cops* anschaust, als Zeit mit mir zu verbringen?

124. BEZEICHNUNGEN FÜR »VAGINA« Ein schwieriges Kapitel. »Möse«, »Fotze« – zu fies. Ihr seht wohl zu viele Pornos. »Mumu«, »Muschi« – zu niedlich. Mit »Grotte«, »Höhle« oder »Loch« klingt ihr wie Conan der Barbar. »Pussy« kommt bei vielen Frauen ganz gut an.

***WAHRE GESCHICHTE:** »Ich kenne einen Typen, dessen Xbox-Name ›Schneckenstopfer‹ lautet. Ich brauche nicht zu erwähnen, dass er sehr viel Zeit mit seinem Controller verbringt.«*

Jayne, 26, Fort Lauderdale

125. »ICH VERMISSE DIE SCHULZEIT«
Deprimierend, ja fast schon tragisch. Genau das sind die Typen, die (wenn sie das Glück haben, sich fortpflanzen zu können) später den Schiedsrichter anpöbeln, wenn er gegen die E-Jugendmannschaft seiner Tochter gepfiffen hat.

126. TSCHÜSSIKOWSKI Als humorige Verabschiedung so lustig wie »Adele«, »Bis Baldrian« »Bis denne, Frau Henne«, »Bis baldo, Ronaldo«, »See you later, Alligator!« oder »Bis dannimanski«. Das Problem: Beim ersten Mal findet man es vielleicht noch witzig, aber wenn man solche Sprüche zum zehnten Mal hört, möchte man nur noch die Uzi rausholen.

127. »ABER SIGNORINA, ISCHE ABE KEINE AUTO« Ja, es klingt süß, wenn Italiener deutsch reden. Aber wenn Deutsche mit aufgesetztem Akzent deutsch reden, ist das nur blöd. Und ein Latin Lover wird auch nicht aus euch, wenn ihr so sprecht. Oder gebt ihr hier den Mafioso? Wohl zu viel *Sopranos* geguckt! Und wehe, ihr fangt jetzt noch an, mit aufgesetztem Akzent Szenen aus *Der Pate* nachzuspielen (siehe Nr. 161)! Also: Respekt vor allen Ausländern, die sich mit unserer Sprache abquälen und selbst anständig reden.

128. EMINEM-SLANG Schon bei Eminem selbst peinlich. Weißer, der verzweifelt einen auf schwarzen Rapper macht. In Bochum oder München sind Ausdrücke wie »Sup«, »li'l bro«, »tru dat« usw. schlicht zum Im-Boden-Versinken.

WAHRE GESCHICHTE: »Ich ging mal mit einem Typen aus, weiß, Oberschicht. Doch irgendwann im Jahr zuvor hatte er beschlossen, er sei ein schwarzer Rapper. Die Frage, ob ich Cream Cheese auf meinen Bagel wollte, formulierte er so: ›Wie wär's mit ein bisschen Gangsta-Schmiere?‹ Da wusste ich, dass ich tief im Schlamassel steckte.«
Sally, 31, Chicago

129. MANAGER-PHRASEN Wer im Büro hirnlose Ausdrücke (»pro-aktiv«) benutzt, falsch übersetztes Englisch (»am Ende des Tages«, »außerhalb der Box denken«, »Controlling ist da fine mit«) oder gar nicht übersetztes Englisch (»die competition leap-froggen«, »Ballpark-Zahl«, »Resulter oder Under-performer?«, »Was sagt Financial zu dem Draft?«, »Worst Case«, »Spot on«, »Wir sind geleveraged bis Meppen«), zeigt nicht, dass er »noch on track«, oder gar ein »Whiz Kid« ist und demnächst bei McKinsey ganz groß rauskommen könnte. Es zeigt nur, dass er keinen einzigen originellen Gedanken im Kopf hat. »Wir sind gut aufgestellt«, »Win-win-Situation«, »Da bin ich ganz bei Ihnen« – wer solche Phrasen gar noch im Privatleben verwendet, ist ein underperformender »no-brainer«, den man mal ganz pro-aktiv freisetzen sollte.

130. DIE FAMILIENJUWELEN Schon verstanden. Sehr wertvoll. Vielleicht reicht schon ein Tritt in den Schritt, um die Kostbarkeiten zu ruinieren?

Der Verbitterte

Verbitterung ist eher eine Geisteshaltung als ein Stil. Zuerst sei eines klargestellt: Der Verbitterte hat noch nie was falsch gemacht. Nie. Es sind immer wir anderen, die alles kaputt und sein Leben zur Hölle machen. Sein Chef ist ein »Vollidiot«, der von Tuten und Blasen keine Ahnung hat. Der Postbote ist ein »verdammter Trottel, der nichts richtig hinbekommt«, der Rentner in der Wohnung über ihm ist ein »Vollarsch« und all seine Exfreundinnen sind »durchgeknallte Schlampen«. Der wohl schlimmste Feind des Verbitterten ist eine ungreifbare Armee namens »die anderen«. »Die anderen« machen alles kaputt, halten den Verbitterten klein und steuern das Land in den Abgrund. »Die anderen« verhindern, dass ein Junge wie der Verbitterte auf die Füße kommt oder auch nur seinen Lebensunterhalt selbst verdienen kann. Typisch für den Verbitterten ist dabei, dass seine Eltern aus der Mittel- bis Oberschicht stammen, dass er jung, gesund und meist mit vielen Talenten gesegnet ist. Aber das sieht er nicht. Er kann sich nur endlos darüber aufregen, wenn Taxifahrer nicht mal vernünftig Deutsch reden oder die dümmste Reinigung der Welt wieder mal ewig braucht, seine Hemden zu bügeln. Verdammt!

131. »FEUCHT« Gaaanz vorsichtig hier, auf dem Minenfeld der sexuellen Anspielungen. Am besten dieses Wort ganz vermeiden. Ja, es gibt Feuchttücher, aber ihr müsst die Packungsaufschrift ja nicht laut vorlesen.

132. »NICHT DASS ICH WÜSSTE« als Antwort auf die Frage »Hast du Kinder?«. Eine derart tiefenentspannte Einstellung seinem möglichen Nachwuchs gegenüber ist nicht genau das, was wir in einem perfekten Partner suchen.

133. »STÄNDER« Dieses Wort schmerzt uns in den Ohren, ebenso wie »Steifer«, »Latte« (außer in »Latte macchiato«) und sogar »Erektion«. Wir wissen, was bei euch da unten abgeht, ihr braucht es uns nicht sagen. Und bitte erspart uns ein vorangestelltes »ich habe eine … eingeworfen«.

134. SPORTMETAPHERN Liebe Leute, bitte werft im Alltag nicht dauernd mit Sportmetaphern um euch. Na klar, ihr habt euren Rivalen ausgekontert, während er versuchte, auf Zeit zu spielen, und jetzt steht er bei eurem Chef im Abseits. Das Runde muss ins Eckige, Tor ist, wenn der Schiedsrichter pfeift, das Spiel dauert 90 Minuten … Wer so fröhlich Phrasen drischt (siehe auch Nr. 129), erweckt den Eindruck, sein Gehirn laufe auf Auto-Schwätz und läuft schnell Gefahr, von seinem Date die rote Karte gezeigt zu bekommen. Ganz besondere Vorsicht gilt bei Metaphern aus hierzulande weniger populären Sportarten: »Da hast du mich jetzt aber gesnookert!«, »Ich möchte bei dir auf die dritte Base vorrücken«, »Das war jetzt aber ein ›curve ball‹!«

»« ***Jack Nicholson brachte es in** Besser geht's **nicht genau auf Punkt: »Leute, die in Metaphern sprechen, können mir den Schritt shampoonieren«.***

135. »WAS KUCKST DU?«

Alias »Willst du eins in die Fresse?«. Besonders charmant, wenn es mit gerötetem Gesicht und aggressiv ins Gesicht des Gegenübers gereckten Fingern gebellt wird. Wenn eine Frau dich dabei sieht, hast du ausgespielt.

136. ORDINÄRE AUSDRÜCKE FÜR DIE PERIODE »Gulaschwoche«, »rote Flut«, »Muschibruch«, »Plempe«, »Auslauf-Model«, »Ketchupwoche«, »Stutengulasch«. Werden typischerweise verwendet, wenn Männer miteinander Bier trinken, nach dem Motto »Gestern Abend lief nix, bei Christine ist gerade Gulaschwoche.« Wenn euch euer Leben lieb ist, lasst nie eine Frau so was hören. Sonst gibt's echt Ärger.

137. UNREIFE AUSDRÜCKE FÜR »AUF DIE TOILETTE GEHEN« »Einen abseilen«, »'ne Stange Lehm aus dem Rücken drücken«, »ein Pfund wegbringen«, »auf den Donnerbalken gehen«, »bei mir herrscht Alarmstufe braun«, »einen Bob in die Bahn schmeißen«, »auf den Pott gehen«, »auf die Nougatpresse müssen«, »dem kleinen Mann die Welt zeigen«, »einer Legende die Hand schütteln«, »Aa machen«, »mal für kleine Jungs«. Um Himmels willen, werdet erwachsen! Geht alles gar nicht!

An dieser Stelle möchten wir anmerken, dass ihr niemandem mitteilen müsst, was ihr auf der Toilette vorhabt. Ihr braucht nicht mal zu sagen, wo ihr hinwollt. Ein knappes »Entschuldigst du mich einen Augenblick?« reicht völlig.

138. UNREIFE AUSDRÜCKE FÜR SPERMA »Blubber«, »Bocksfett«, »Boysahne«, »Crème de la crème«, »Eichelquark«, »Eierlikör«, »Ficksahne« »Gonadenpesto«, »Bananensaft«, »Herrencreme«, »Lümmelspucke«, »Proteinshake« usw. Alles ordinär.

139. »SICH DEN ARSCH AUFREISSEN« Im Sinne von »schwer arbeiten«: »Ich habe mir für das Projekt den Arsch aufgerissen.« Wer bei einer Verabredung solche Ausdrücke verwendet, ist selbst einer.

140. KOSENAMEN FÜR DEN PENIS »Der Boss«, »Liebesmuskel«, »einäugiges Monster«, »Hosenschlange«, »Johannes«, »Banane«, »Schniedelwutz«, »little John«, »kleiner Freund«, »Zauberstab«, »Anaconda«. Eklig und abstoßend. Du und dein »kleiner Mann« solltet euch mal beraten und eine neue Strategie entwickeln. Schweigen zum Beispiel.

141. ORDINÄRES GEREDE »Blaue Hoden haben«, »abspritzen«, »Vogelscheuche«, »sehr hübsch – solange sie sich einen Sack über den Kopf zieht«, »Wichsvorlage« usw. Wer so redet, kommt für uns nicht mehr infrage. Widerwärtige, abgedroschene Ausdrücke wie diese lassen uns erschaudern. Wenn ihr schon so reden müsst, dann macht das in der Umkleidekabine. Und mal ganz grundsätzlich: Welche Veranlassung gibt es, darüber zu reden, man wolle »die Anaconda auswerfen«, »sich einen von der Palme wedeln«, »hobeln«, »den Revolver polieren«, »das Rohr durchpusten«, »sich den Lurch würgen«? Nicht, dass das Wort »masturbieren« toll wäre. Aber, glaubt uns, ihr macht es nur schlimmer.

142. SCHMUDDEL-AUSDRÜCKE FÜR SEX »Ein Rohr verlegen«, »ihre Kirsche pflücken«, »bumsen«, »vögeln«, »nageln«, »knallen« und das immer wieder bezaubernde »stopfen«. Sehr charmant.

Bist du öfter hier?

143. ABGEDROSCHENE ANMACHSPRÜCHE »Bist du schon mal verhaftet worden? So gut auszusehen müsste verboten sein.« »Du hast Super-Klamotten. Kann ich dir da irgendwie raushelfen?«, »Ist dein Vater ein Alien? Denn auf dieser Welt gibt es keine wie dich.«, »Ist es wirklich so heiß hier, oder liegt es an dir?«, »Hast du dir wehgetan, als du vom Himmel gefallen bist?«, »Glaubst du an Liebe auf den ersten Blick oder soll ich noch mal reinkommen?«, »Ich habe meine Nummer verloren. Kannst du mir deine geben?« DIE FUNKTIONIEREN NIE!

144. »ICH SAG' JETZT MAL, WIE ES IST« – Rechtfertigungsphrase vor oder nach einem höchst anfechtbaren Satz. Beispiel: »Ich sag' jetzt mal, wie es ist: Frauen sind mit PMS doch echt unerträglich.« Spart euch sowohl die Phrase als auch das, was danach kommt.

145. »MEIN GUTES RECHT« Die Nationalhymne des Querulanten und notorischen Rechthabers. Jemand, der an einem Abend zweimal »sein gutes Recht« erwähnt, hat bestimmt ein paar Klagen laufen – und eine arg strapazierte Rechtsschutzversicherung. Rette sich, wer kann, Mädels!

146. »RIECH MAL AN DER FAUST!« Uiiii, du bist aber ein ganz harter Kerl – oder zumindest warst du es bei deiner letzten Prügelei, die du offenbar als Drittklässler hattest. Wer solche Ausdrücke verwendet, wird von den meisten Männern über 1,50 Meter zum Frühstück verspeist.

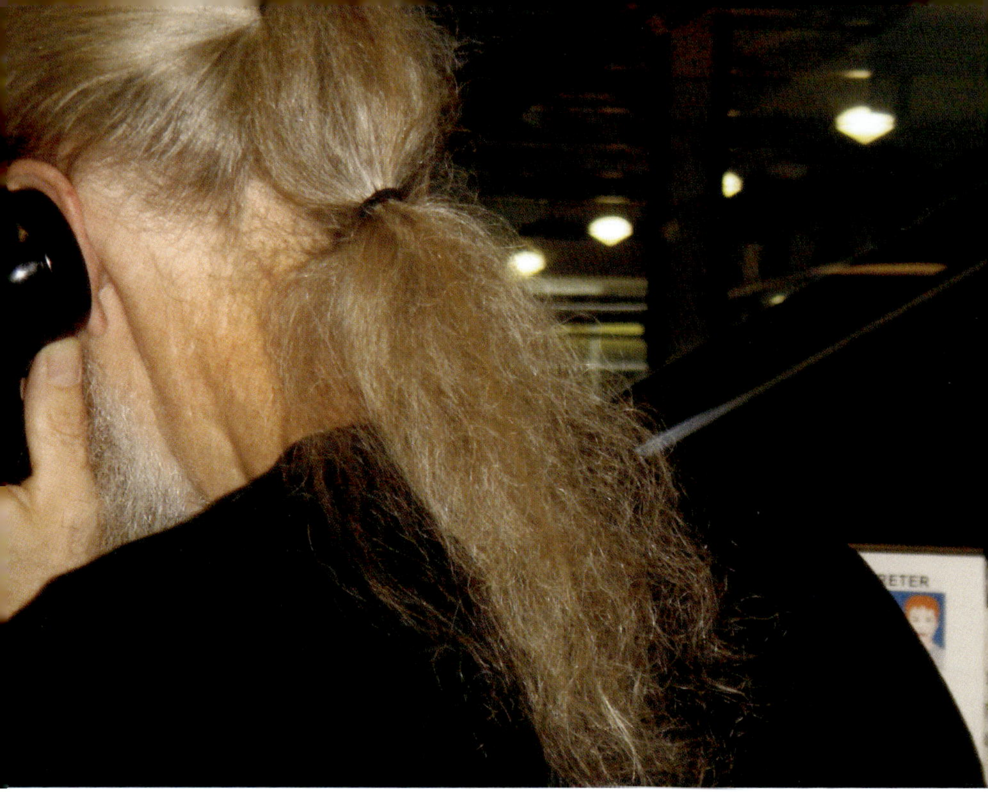

147. »MEINE ALTE« darfst du zu deiner Freundin nur sagen, wenn sie gerade das Meth-Labor der Familie schön aufgeräumt hat.

148. »OBERMACKER« als Statusbezeichnung. Beispiel: »Paul ist in unserer Firma der Obermacker.« Wir denken uns dann: Du Würstchen!

149. »SACKHAARE« Kein Kommentar.

150. ERNSTHAFT ÜBER DAS »KIND IN SICH« REDEN Es gibt kein »inneres Kind«, nur einen beknackten inneren Erwachsenen, der ohne Ende Psychogeschwätz und abgedroschene Klischees absondert.

151. ÜBER SICH IN DER DRITTEN PERSON SPRECHEN Dafür wurde in Deutschland Lothar Matthäus berühmt. Seine beliebtesten Zitate (hier aus dem Fränkischen übersetzt): »Ein Lothar Matthäus braucht keine dritte Person. Er kommt gut alleine zurecht.« Allerdings hat selbst er erkannt: »Ein Lothar Matthäus spricht kein richtiges Deutsch.« Wer von sich selbst spricht, als wäre er ein anderer, wandelt nahe am Abgrund zum Wahnsinn.

152. »MEINE SCHNECKE« Oh, du findest mich kalt und schleimig?! Das ehrt mich aber, du Charmeur!

153. LAUTER REDEN, WENN EINEN EIN AUSLÄNDER NICHT VERSTEHT Zeigt nur, dass du ein Knallkopf bist.

154. DIE STIMME EINER ZEICHENTRICKFIGUR NACHAHMEN Egal, ob du Popeye (»Ich pin wassich pin – wer pinnich tenn?«) oder Schweinchen Dick (»Das war's dann, Leute!«) imitierst – wir sind derart peinlich berührt, dass wir gar nicht mehr wissen, wo wir hinschauen sollen.

Wahre Geschichte: »Letzten Sommer lernte meine Mitbewohnerin einen netten Mann kennen. Doch je öfter sie ausgingen, desto häufiger redete er in der Stimme von Kater Sylvester aus der Zeichentrick-Serie. Allerdings immer nur tagsüber, nie nachts. Schließlich nannten wir ihn ›jeden Tag Sylvester‹, was wir dann zu ›Jedentag‹ verkürzten. Unnötig zu sagen, dass die Geschichte beendet ist.«

Nur die Ruhe, Jedi ...

155. »MÖGE DIE MACHT MIT DIR SEIN« Wer die erfundene Philosophie einer erfundenen Figur wie Obi-Wan Kenobi ernsthaft zitiert, der erreicht bei uns auf der Sonderling-Skala Alarmstufe rot.

Wahre Geschichte: »Am Montagabend spielte mein Freund Baseball; ich sah zu. Ein Spieler der gegnerischen Mannschaft machte sich bereit, als Nächster zu schlagen. Das Spiel war eng, eine Entscheidung stand unmittelbar bevor. Plötzlich rief ein Mannschaftskamerad des neuen Batters unvermittelt und völlig im Ernst: ›NUTZE DIE MACHT!!!‹
Megan, 26, Chicago

Kyle McCarthy, Autor beim Royal Order of Experience Design, formuliert es so: »Na ja, wir alle haben uns irgendwann einmal gewünscht, die Macht sei real und wir könnten sie beherrschen. Aber manche Spinnerei behält man einfach für sich, klar?«

156. INSIDER-NAMEN FÜR DROGEN Wenn ihr Ausdrücke wie »C«, »Cheese«, »Deep Purple«, »ICE«, »Krokodil«, »Ot«, »Shore«, »Speedball« o.Ä. benutzt, müssen wir glauben, dass ihr a) User seid oder b) Poser, die glauben, daherreden zu können wie die coolen Jungs.

157. -UNG als nerviges Anhängsel Angstung, Arbeitung, Elfmeterung, Gefahrung, Gehirnschüttelung. Beispiel: »Bin ich kaputt! Totale Arbeitung heute im Büro.« Für Achtjährige kurz lustig. Alle anderen sollen sich gefälligst die Mühe machen und in ihrem Hirn nach dem korrekten Wort suchen. Also: Unnötung. Massive Irritierung. Und Tschüssung.

158. ALBERNE BEZEICHNUNGEN FÜR DURCHFALL »Flitzkacke«, »Dünnschiss«, »Dünnpfiff«, »Renneritis«, »flotter Heinrich«, »schnelle Kathrin«, »Durchmarsch«. Müsst ihr Jungs uns wirklich alles mitteilen?

159. FURZ-SYNONYME Von »Lochgas«, »braunem Wind«, »Darmwind«, »Faulgas«, »Flatus«, »Grüße aus Darmstadt«, »steife Brise«, »Bauchhusten«, »Darmgewitter« oder »Afterorkan« zu sprechen, wenn jemand »dönern«, »abmokern«, »borzen«, »bratzen«, »brodeln« usw. musste, ist völlig jenseits. Warum geht ihr nicht raus, bis der Geruch sich verzogen hat, und kommt nie wieder?

160. UNWITZIGE BEZEICHNUNGEN FÜR TOILETTE »Donnerbalken«, »Kackthron«, »Häusl«, »Bunker«, »Biotonne«, »Büro«, »Keramikabteilung«, »Topf«, »Koks-Raum«, »Druckkammer«, »Kackodrom«. Geht nur. Ihr braucht auch nicht zurückkommen.

161. FILMZITATE »ORIGINALGETREU« WIEDERGEBEN Autsch! Am liebsten werden der Pate (»Ich mache dir ein Angebot, das du nicht ablehnen kannst«) und der Terminator (»Hasta la vista, Baby«; »Ich komme wieder!«) zitiert. Kürzlich quälte uns ein Typ volle drei Minuten lang mit Joe Pescis »Clown-Szene« aus *GoodFellas* (»Meinst du, ich bin komisch? Amüsierst du dich über mich? …«). Und von Borat fangen wir hier gar nicht erst an …

162. SPITZNAMEN FÜR STÄDTE »Big Apple«, »Tinseltown«, »Spree-Athen«, »Elbflorenz«, »Mainhattan«, »Paris des Nordens«, »Venedig des Westens«. Aufhören! Solche Bezeichnungen sind nicht nur läppisch, sondern oft noch missverständlich: Parise des Nordens gibt es nach letzter Zählung 14, die Venedigs verschiedenster Himmelsrichtungen lassen sich gar nicht mehr zählen.

163. »ARSCH AUF GRUNDEIS« Wie in: »… und dann donnerte es so heftig, dass mir der Arsch auf Grundeis ging.« Da sorgen wir uns schon um dein seelisches Gleichgewicht. Und wenn es auch noch anfängt zu regnen? Kriegst du dann einen Nervenzusammenbruch?

164. ERFUNDENE WÖRTER »Chillaxen«, »genorm«, »verschlimmbösern«, »ramontisch«. Gute Methode, eine Verabredung schnell enden zu lassen.

Wahre Geschichte: Unser Freund Joe G., ein angesehener Finanzberater, hat einen Kollegen, der Dinge sagt wie: »Damit machen wir genorme Kursgewinne.« Joe über den Kollegen: »Das ist ein Kerl, der sich zum Pinkeln hinsetzt und zum Kochen eine Schürze umbindet.«

165. YEAH, BABY (1) Beim Sportgucken dem Fernseher oder in der Kneipe der Kellnerin zugerufen, wenn sie neue Getränke bringt. Wir wetten einen Tausender, dass der Rufer betrunken ist, eine Baseballkappe verkehrt herum trägt und mindestens 20 unserer Undateable-Kriterien erfüllt.

166. YEAH, BABY (2) Als Austin-Powers-Imitation. Nicht viele Menschen bekommen eine gute Kopie hin, also Vorsicht: Möglicherweise kapiert dein Date nicht, dass du einen Volltrottel zitierst und glaubt, *du* wärst der Volltrottel.

167. VERALTETE AUSDRÜCKE FÜR DAS INTERNET »Datenautobahn«, »Interweb«, »Cyberspace«. Wo zum Himmel wart ihr in den letzten 15 Jahren?

168. »GEHT NICHT GIBT'S NICHT« Euer überzogener Optimismus nervt. Nur Baumärkte dürfen so reden. Alle erwachsenen Menschen sollten mit der Realität Frieden geschlossen haben, dass manche Dinge einfach nicht gehen.

169. »ALLES KLAR« Lieblingsspruch der geistig Faulen, die lieber Riesenböcke schießen, als im Zweifelsfall nachzufragen.

170. »MUSS JA« Als Antwort auf »Wie geht's?«. Weinerlich und pessimistisch. Wollen wir mit so jemandem unsere Zeit verbringen? Muss nicht.

171. »KÜHLES BLONDES«

Ebenso nervig wie »Gerstensaft«, »Hopfenkaltschale« u. Ä. Bitte nicht.

172. »FRIEDE, FREUDE, EIERKUCHEN« Auweia! Haben wir hier jemanden, dessen persönliche Mission es ist, überall ein wenig Sonnenschein zu verbreiten? Unsere Botschaft an euch: HALTET. DIE. KLAPPE.

173. »ICH VERÄPPLE DICH NUR« Aus welchem Jahrhundert stammst du denn? Heute im 21. Jahrhundert sagen wir: »War doch nur Spaß.« Oder: »Ich hab dich nur verarscht.«

174. »ICH BIN BEI DIR« Als Ausdruck der Empathie fast ebenso grässlicher Anglizismus wie »Ich bin mit dir«. Sagt lieber: »Ich kann mir vorstellen, wie es dir geht.« Oder, noch besser: »Du Arme! Erzähl ...«

175. »LAMBORDSCHINI« Wer die Sportwagenmarke so ausspricht, outet sich als totaler Ignorant in Sachen Autos. Fahrt weiter U-Bahn!

176. »LASS UNS ROCKEN!«

Alias: »Ich bin geil und versuche, jemanden ins Bett zu bekommen.« Oder, noch schlimmer: »Ich bin geil und will tanzen.« Immer langsam mit den wilden Pferden, Barry Gibb!

177. »KOHLDAMPF SCHIEBEN«

177. »KOHLDAMPF SCHIEBEN« oder: **»ICH KÖNNTE EIN HALBES SCHWEIN AUF TOAST VERSPEISEN!«** Ein einfaches »Ich habe einen Riesenhunger« tut es hier genauso.

178. »OKELY DOKELY« Ned Flanders imitieren ist *nicht* attraktiv. Dideli-Tschüss!

179. »OBERCOOL« Nein, gar nicht cool. Bist du zwölf, oder was?

180. »LEIDER GEIL« Würg! Schon das Wort »geil« unterlasst ihr in unserer Gegenwart bitte, ebenso »megageil«, »monstergeil« usw. Und wie etwas »leider geil«, also »leider positiv« sein soll, konnte uns auch noch keiner erklären.

181. »PEACE« Alias: »Ich bin aus den Sechzigern übrig geblieben und rauche Hasch.« Keine Message, die ihr uns ernsthaft vermitteln wollt.

182. »TOTAL« Eine Tankstellenkette, kein Wort, das in jedem zweiten Satz vorkommen darf. Falls doch, zeugt es von geistiger Trägheit.

Du wirkst nicht cool, wenn du vermeintlich hippe Ausdrücke einstreust, sondern läppisch und ranschmeißerisch. Frauen mögen Anführer, keine Mitläufer. Sei originell.

Was man nicht tun soll

Mittlerweile habt ihr uns total satt, deswegen sparen wir uns die Einleitung. Hört einfach auf, die folgenden Sachen zu tun, okay?

Möchtest du meine Katze Carol kennenlernen?

Du hast ja so recht!

183. EINE KATZE HABEN Ist okay oder fast schon liebenswert, wenn eure Oma euch am Totenbett gebeten hat, auf sie aufzupassen, oder wenn ihr sie auf der Straße aus Mitleid aufgelesen habt. Wenn ihr aber in eine Zoohandlung gegangen seid und eine gekauft hat, haben wir ein Problem.

184. »GOTCHA« MACHEN Zwinkern, mit der Zunge schnalzen, den Finger wie eine Pistole auf jemanden richten und eine Abzugsbewegung machen. Soll bedeuten: »Ich habe dich verstanden«, »Du hast ja so recht« usw. Bedeutet in Wirklichkeit: »Ich bin ein Blödspaten.«

185. EINEN KAMPFHUND BESITZEN Beängstigend. Wir nehmen mal an, dass du am Nacken mehrfach tätowiert bist und ebenfalls ein Würgehalsband trägst. Woher weißt du, dass dieses Monster nicht irgendwann mal total durchdreht und dir die Milz rausbeißt?

186. PT CRUISER FAHREN Unfassbar, dass je ein Mann sich einen andrehen ließ.

187. BILDER AUFS AUTO LACKIEREN LASSEN
Was veranlasst Menschen bloß, sich den Mond anheulende Wölfe, lodernde Flammen, Tigermuster, Totenköpfe oder gar 50er-Jahre-Pin-ups u.Ä. aufs Auto malen zu lassen? Nennen wir das Kind doch beim Namen: Hier hat jemand viel zu viel Zeit und ein bisschen zu viel Geld.

> *»Bei einem Spiel der Chicago Bears sahen wir einen Geländewagen, auf dessen ganzer Seite ein ausgewachsener Grizzlybär gemalt war, der Brett Favre (Star-Quarterback bei einem Konkurrenzteam) in der Mitte auseinanderriss. An einem Spieltag grandios – an allen anderen Tagen ziemlich erbärmlich.«*
> *Jamie F., Videofilmer*

188. SICH DIE BRUSTHAARE RASIEREN Lass uns raten: Du verbringst am Tag drei Stunden in der Muckibude, nimmst Selbstbräuner, trägst Wrap-around-Sonnenbrillen und hältst dich für scharf. P. S. Stoppeln auf der Brust sind fies.

189. DUNGEONS AND DRAGONS SPIELEN Wenn Frauen hören, dass du Dungeon-Master (Kerkermeister) bist, können sie das in den falschen Hals bekommen. Nur so ein Gedanke. INSIDERTIPP: Online-Rollenspiele dieser Art, wie etwa World of Warcraft, sind um nichts besser. Wenn du sie spielst, bist du eben ein digitaler Trottel.

190. SICH BEI EINEM SPORTEREIGNIS DAS GESICHT BEMALEN Oder schlimmer, Brust oder Körper bemalen. Ihr brecht damit zwei Regeln: Nie ohne Shirt in der Öffentlichkeit und: keine Bemalung.

191. »DEN KLEMPNER MACHEN« Deine Hose ist so weit runtergerutscht, dass 10 Zentimeter deiner bleichen, haarigen Pospalte sichtbar wurden. Selbst wenn wir schon deinen ganzen Hintern gesehen haben, reagieren wir, als hätten wir ein totes Tier am Straßenrand erblickt.

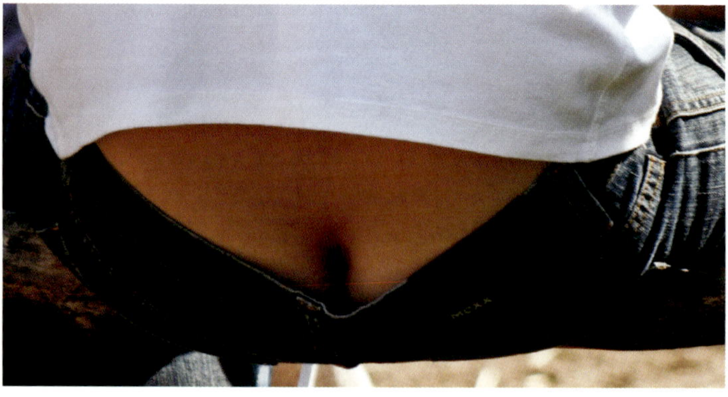

192. AUF STAR-TREK-TREFFEN GEHEN

Trekkies müssen mit 18 aufhören. Wo wir schon dabei sind: Hört doch ganz mit all den Star-Trek- und Zauberer-Treffen auf. Die sind so seltsam und geeky. Wenn du auf einem Date davon anfängst, dann sagen wir dir: »Lebe lang und in Frieden. Allein.«

193. ÜBERMÄSSIG KREATIVE BEGRÜSSUNGS-ANSAGE AUF DER MAILBOX Wir können uns vorstellen, wie viel Zeit dich das gekostet haben muss … Den Text schreiben, die perfekte Musik auswählen, Soundeffekte entwickeln und das Ganze mindestens zehnmal einspielen, bis alles stimmt. Wisst ihr, was wir uns sonst noch vorstellen können? Euch ein echt kreatives »Nein danke« auf der Mailbox zu hinterlassen.

194. SICH IM FLUGZEUG BETRINKEN Kommt immer gut an, weil wir dir dort nicht ausweichen können. Du schwallst uns mit betrunkenem Gelaber voll und als Bonus bekommen wir stundenlang deine Fahne zu riechen. Gemein. (Hochstufung zum »Todeskuss«, wenn du der Pilot bist.)

195. PORNOHEFTE HERUMLIEGEN LASSEN Widerlich. Und überhaupt: Wer schaut sich denn heutzutage noch Pornos in Zeitschriften an? Kauf dir einen Computer und geh online!

196. MIT DEM GEHALT ANGEBEN Freilich interessiert uns, was du verdienst, aber wir wollen es nicht unter die Nase gerieben bekommen. Lasst uns aus deinem Auto, deinem Job, deiner Garderobe usw. selbst schließen, wie es um deine Finanzen bestellt ist. Wo bleibt sonst die Spannung?

197. DATE MIT VERSIFFTEM AUTO ABHOLEN Eklig. Es muss traumhaft sein, mit dir eine Wohnung zu teilen. Wenn du es mit der Verabredung ernst meinst, räum auf und lass einen Zehner für die Autowaschanlage springen.

198. MÄNNERBUSEN HABEN Wie bringen wir es dir nur bei? Mit Männertitten siehst du sowohl angezogen als auch nackt grässlich aus. Und verstecken geht nicht. Wie wär's mit einer Toga? Die Brust mit Kraftklebeband festkleben? Du musst wirklich was unternehmen.

»Der voll entwickelte männliche Busen kann uns in große Verwirrung stürzen. Vergraben wir unseren Kopf darin? Oder rufen wir das Jugendamt?«
Details magazine

199. DEN WEINSNOB MARKIEREN Ewig darüber schwadronieren, was für einen tollen Wein du ausgewählt hast, aus dem Vorkosten eine fünfminütige Show machen – nervig genug. Eine Stufe schlimmer: Wenn ihr euch dabei als Poser outet, etwa indem ihr den Wein nach dem Vorkosten lobt (das Probieren ist ausschließlich da, um festzustellen, ob der Wein korkt) oder ein neues Glas verlangt, wenn ihr den Wein wechselt (als ob ihr den Unterschied merken würdet, wenn noch ein Tropfen des vorherigen Weins im Glas ist). Endgültig Richtung Totenkopf bewegt ihr euch, wenn ihr den Kellner anblafft, der Wein sei zu warm oder zu kalt.

200. BEIM ERSTEN DATE NICHT DIE RECHNUNG ÜBERNEHMEN Das haben wir jetzt von der Emanzipation! Wenn du bezahlst, fürchtest du, für einen Macho gehalten zu werden, wenn du nicht bezahlst, hast du Angst, wir halten dich für einen Geizkragen. Trotzdem: Übernimm die Rechnung erst mal und wenn der Protest zu vehement ist, lässt du die Frau eben die Hälfte zahlen.

201. ZU VIEL BODYBUILDING Muskelberge sagen über dich: »Ich habe außerhalb des Kraftraums keinerlei Interessen, Hobbys oder Freunde. Ich würde auch neben den Hanteln schlafen, wenn man mich ließe.« Das zweite Problem: Dein aufgeblasener Körper sieht seltsam aus. Du glaubst, du wirkst wie ein Hengst, tatsächlich wirkst du aber eher wie eine hirnlose Cartoon-Figur.

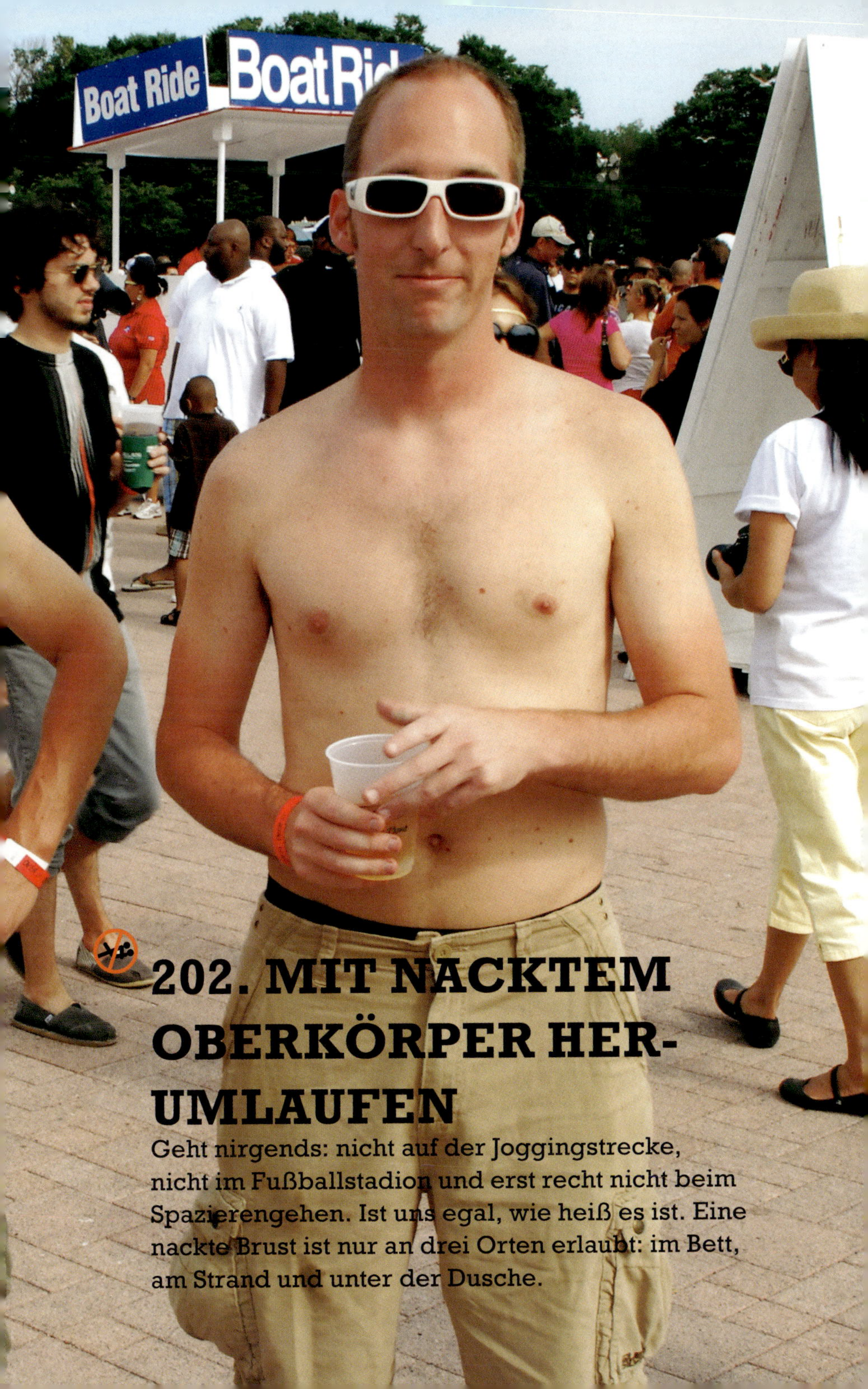

202. MIT NACKTEM OBERKÖRPER HER-UMLAUFEN

Geht nirgends: nicht auf der Joggingstrecke, nicht im Fußballstadion und erst recht nicht beim Spazierengehen. Ist uns egal, wie heiß es ist. Eine nackte Brust ist nur an drei Orten erlaubt: im Bett, am Strand und unter der Dusche.

203. EINEN GIRLIE-DRINK BESTELLEN Cosmopolitan, Kahlúa mit Sahne, Grasshopper, Mango-Martini … nein, nein, nein. Bleib bei Bier, Wein, Wodka mit Tonic, Whisky Soda usw. Margaritas sind erlaubt.

Frag dich, bevor du bestellst: Wenn Frank Sinatra oder Steve McQueen hier wären, würden sie dich dafür in den Hintern treten, dass du diesen Drink orderst?

204. GANZKÖRPERENTHAARUNG MACHEN LASSEN Wenn du nicht gerade einen Weltrekord brechen willst, für den du möglichst aerodynamisch sein musst, ist ein haarloser Körper schlicht bizarr. Steigerung der rasierten Brust. Klar darfst du an kritischen Stellen unerwünschte Haare entfernen, aber tu es heimlich, still und leise. Ein komplett enthaarter Körper gehört schlicht in die Kategorie FREAK-SHOW.

205. EIN NAGETIER BESITZEN Mäuse, Hamster, Ratten, Frettchen … warum jemand diese Tiere halten sollte, ist uns völlig schleierhaft. Und dräng uns nicht, sie auf den Arm zu nehmen, damit wir sie doch noch süß finden. Sie sind nicht süß, sondern abstoßend. Total daneben.

206. LUFTGITARRE SPIELEN Es ist unmöglich, dabei cool auszusehen. Wenn du uns beeindrucken willst, lerne richtig Gitarre spielen. Und wirklich beeindruckt sind wir, wenn du dafür bezahlt wirst.

207. AN BLÖDSINNIGEN WETTBEWERBEN TEILNEHMEN Auch wenn dich deine Kumpels noch so anfeuern: Wir wollen dich nicht beim Versuch beobachten, wie viele Burritos du in zehn Minuten schaffst, oder wie schnell du 20 Hotdogs verdrücken kannst.

208. MIT DEM TRINKGELD KNAUSERN Wenn du eine Rechnung von 39,60 mit zwei Zwanzigern begleichst und jovial verkündest: »Stimmt so!«, sind wir gewarnt, dass wir es mit einem Geizkragen zu tun haben.

Mit etwa 10 Prozent Trinkgeld könnt ihr kaum was falsch machen. Gebt ihr deutlich mehr, wirkt das angeberisch oder anbiedernd. Deutlich weniger dürft ihr nur dalassen, wenn der Service ausgesprochen schlecht war.

209. SICH ÖFFENTLICH DIE EIER SORTIEREN Alias Taschenbillard spielen. Vielleicht erklärt ihr uns sogar noch, dass sich eure wertvollsten Teile tendenziell nach links oder rechts verschieben. Ist uns schnurz. Geht auf die Toilette und schafft Ordnung.

210. INDIVIDUELLEN KLINGELTON FÜRS HANDY WÄHLEN Wenn ihr schon unbedingt einen ganz eigenen Klingelton installieren müsst, wählt ihn wenigstens weise: Mit der Wahl könnt ihr entweder bei uns punkten oder den Abend abstürzen lassen wie einen brennenden Zeppelin. »SexyBack« – nicht gut. »Funky Cold Medina« – lustig. Wir wissen nicht, warum. So ist es halt.

211. AUTO MIT STAHLBÜGEL AM LENKRAD SICHERN (1) Bist du nicht versichert? (2) Wenn dein Auto so toll ist, sollten wir dann nicht besser einen bewachten Parkplatz nehmen? (3) Wenn die Gegend so übel ist, warum sind wir dann hier?

212. LAKTOSEINTOLERANT SEIN Ist für uns gleichbedeutend mit »schwächlicher Pupser«. Und erspar uns bitte die faszinierenden Details darüber, was du zu Mittag gegessen hast und was das mit deinen Eingeweiden anstellt.

213. BODYBUILDER-ZEITSCHRIFTEN LESEN Wer gibt sich schon noch mit intellektuellem Kram wie großen Tageszeitungen, *Spiegel* oder *GQ* ab, wo doch in der aktuellen Ausgabe von *Steroid-Trends* noch mehr aufgeblasene Muskelpakete zu sehen sind als im Vormonat.

Abschreckende Typen

Der Erleuchtete

Von viel zu vielen Selbsthilfebüchern und spirituellen Gruppensitzungen gestählt, trägt der Erleuchtete höchstwahrscheinlich einen Armreif »mit tieferer Bedeutung«. Er wandelt über die Erde und verbreitet überall sein hirnloses Psychogeschwätz, ob es gerade passt oder nicht. Er spricht in Metaphern, zitiert hochemotionalen Blödsinn und stellt wahl- und zusammenhanglos »tiefgründige« Fragen. So kann er einen Müllwagen betrachten und fragen: »Wo sind all die Kinder hin?« Er sondert auch richtig blöde Sachen ab, z.B.: » Ich bin gerade an einem wirklich guten/schlechten/erschreckenden Ort«, »Ich muss mein inneres Kind respektieren« und: »Niemand geht allein, wenn die Liebe rein ist.« Halloo? Man kann sich mit dem Erleuchteten kaum vernünftig unterhalten, weil er ständig über seine Seelenzustände und seine wertvollen Gedanken schwadroniert. Außerdem hat er in etwa so viel Sexappeal wie ein Hello-Kitty-Federmäppchen. Er zitiert Deepak Chopra, macht Yoga, weint – kurz, er benimmt sich wie eine 15-Jährige. Fragt man den Erleuchteten, was er eigentlich genau meint, seufzt er nur tief und starrt in die Ferne. Wisst ihr, warum er das macht? Weil er selbst keinen Schimmer hat, was er da blubbert. Der Erleuchtete hat sich so viel nabelschauerischen, hochgejazzten Unfug reingezogen, dass er nicht mal triviale Fragen wie »Wo sind die Hausschlüssel?« beantworten kann, ohne Gandhi zu zitieren. Dieser Typ sollte mal in einem Canyon voll wilder, hungriger Kojoten ausgesetzt werden, aus dem er sich dann herauskämpfen muss. Vielleicht verschafft ihm das eine realistischere Vorstellung der Bedeutung des Wortes »Bedürfnisse«. Unfassbar unmännlich und extrem nervig. Wenn man mit so jemandem ausgeht, muss man womöglich den Abend damit beenden, ihm den Hintern zu versohlen.

214. VORSCHNELL PORNOS RAUSHOLEN
Warte damit ab, bis du irgendein Zeichen von ihr erhältst, dass sie daran interessiert sein könnte. Auch wenn sie nicht gekleidet ist wie eine Klosterschülerin, heißt das noch lange nicht, dass sie auf Pornos steht. Sie muss schon direkt fragen, etwa: »Hast du scharfe Filme, die wir uns ansehen können?« Erst dann darfst du sie rausholen. Hast du irgendwo eine größere Pornosammlung, rücke nur nach und nach damit raus – sonst halten wir dich für einen Perversen.

215. EINDEUTIGE ONLINE-NAMEN AUF DATING-SEITEN VERWENDEN Inzwischen haben viele Frauen ihr Glück über Internet-Dating gefunden. Dabei sind manche Online-Namen extrem abschreckend: Nennt euch bloß nicht »Sexy«, »Heiße Liebe«, »Schwarzer Diamant« oder – haben wir kürzlich wirklich gesehen – »Muffdiver« (»Mösentaucher«) o.Ä. Schließlich versucht ihr hier, ein Date zu bekommen.

216. ÜBER GELDSORGEN KLAGEN Nicht bei der ersten Verabredung. Nicht bei der zehnten. Niemals wäre toll.

217. DEM DATE NICHT DIE TÜR AUFHALTEN Klingt altmodisch, aber wir schätzen, wenn jemand sich zu benehmen weiß.

218. LENKRADÜBERZÜGE Etwa aus flauschigem Fellimitat, Leder oder Lederimitat. Wieso in aller Welt ist ein normales Lenkrad nicht gut genug? Schwitzen dir etwa beim Autofahren die Hände so? Aber hier begeben wir uns auf ein Feld, das wir gar nicht weiter erkunden wollen.

219. RADIO AUF EASY-LISTENING-SENDER EINSTELLEN Argh! Wir finden es wirklich unerträglich, ins Auto eines Kerls zu steigen und dort Kenny G. anhören zu müssen. Was kommt als Nächstes? Richard Clayderman? Sparen wir uns doch eine Menge Zeit und Mühe, indem wir den Abend beenden.

220. NICHT ZUHÖREN Total unsexy. Verrät uns, dass ihr euch nicht für uns interessiert.

221. DAS AUTO MIT NIPPES DEKORIEREN
Z.B. mit Plüschwürfeln, Wunderbäumen, Wackeldackeln, Hula-Hula-Mädchen oder – sofortige Todesstrafe – Häkelhauben für Klopapierrollen. Ihr habt sicher schon mal gesehen, dass kleine Mädchen flatternde Bändchen an die Lenker ihrer pinkfarbenen Fahrräder binden. Ihr macht das Gleiche.

222. BESCHEUERTE AUTOAUFKLEBER Danke, dass ihr euren »abgefahrenen« Humor mit uns teilt. Der Nachteil: Jetzt weiß jeder, dass du ein Idiot bist, noch bevor du ausgestiegen bist.

223. ÄNGSTLICHES FAHREN Wenn ein Kerl am Steuer unsicher und täppisch ist, wird er das auch im Bett sein.

> »« *Wie ein weltberühmter Comedian einmal sagte: »Die Art, wie jemand Auto fährt, verrät alles über ihn, was man wissen muss.«*

224. ÜBER DAS EIGENE AUTO IN WEIBLICHER FORM SPRECHEN »Schau sie nur an. Ist sie nicht wunderschön?« Ja, ist »sie«. Aber dein Auto lebt nicht. Und es ist auch keine Frau.

225. ANDERE VERKEHRS-TEILNEHMER ANBRÜLLEN

»Du Riesenarsch!«, »Verpiss dich!«, »Ich steck dir einen Golfschläger so weit in den Arsch, dass er dir zum Mund wieder rauskommt!«, »Du verf***ter Hurensohn!«, »Fi** dich ins Knie, Motherfucker!« Irgendwie nicht die Konversation, die wir uns auf dem Weg zum Restaurant vorgestellt hatten.

226. ÖFTER AUF EINE ZIGARETTE HINAUS-GEHEN Hmm, langweilen wir dich? Oder bist du wirklich so nikotinsüchtig, dass du alle halbe Stunde eine rauchen musst? Beides gar nicht gut.

227. DIE WICHS-GESTE Besonders charmant, wenn sie von einem »Blas mir doch einen« oder »Lutsch mir den Schwanz« begleitet wird. Aber es gibt einen Hoffnungsschimmer: Du übst schon mal für die vielen Nächte, die du allein verbringen wirst.

228. DIE BLOWJOB-GESTE Man kann kaum noch tiefer sinken, als die Zunge seitlich in die Wange zu drücken und dazu gleichzeitig die Faust über eine imaginäre waagrechte Stange hin- und hergleiten zu lassen. Mit dieser Geste stellst du ziemlich sicher, dass du nie einen geblasen bekommen wirst.

229. SICH BETRINKEN Wir verstehen ja, dass du nervös bist. Aber trotzdem: Zeig uns, dass du dich auch unter Stress im Griff hast. Wenn du anfängst zu lallen, ist der Abend gelaufen. TIPP: Du wirst nicht amüsanter, wenn du viel intus hast – dann *hältst* du dich nur für lustiger.

230. SICH VOR INSEKTEN FÜRCHTEN Du hast Angst vor Spinnen? Nur zulässig, wenn sie atomar verstrahlt und sechs Meter groß sind. Und wenn sie die Innenstadt angreifen.

231. BEGRÜSSUNGSRITUALE MIT GETTO-FAUST ETC. Auweia. Werd' erwachsen, aber schnell!

232. EXTREM GETUNTES AUTO Gott sei Dank setzt euch der TÜV bestimmte Grenzen, sonst müssten wir womöglich bald mit der Leiter in lachhaft hochgelegte Pick-ups steigen.

233. DIE MAMA ABGÖTTISCH LIEBEN Wenn du deine Mama schick zum Brunchen ausführst, sie auf eine Kreuzfahrt durch die Ägäis begleitest (sie zahlt) und Dinge über sie sagst wie: »Sie ist eine Bewahrerin«, dann hast du eine Romanze mit deiner Mama. Die gute Nachricht: Du brauchst keine Freundin mehr, du hast schon eine. Eine, die sicher auch deine Wäsche macht.

234. ÖFFENTLICH LEFAX NEHMEN Erstens: Hilft denn nichts anderes gegen deine Blähungen? Etwas, das wenigstens klingt wie ein Arzneimittel? Falls du was findest, nimm es und schweige. Niemand will etwas über deinen Kampf gegen die Flatulenz wissen.

235. EIN HÜNDCHEN BESITZEN

Trenn dich von ihm oder tausch es gegen einen Männer-Hund. Wenn du »Doggy« gar in einem Designertäschchen herumträgst, landest du auf unserer Skala beim »Todeskuss«. Hinweis: Wenn du dein Hündchen schon mit einem Schleifchen herausputzt, warum führst du es nicht auch gleich zum Essen aus?

236. GLATZENSPRAY VERWENDEN Im Grunde der Versuch, eine kahle Stelle mit Farbe zu übersprühen. Finden wir genauso blöd wie Toupets oder über die Glatze gekämmte Haare. LASST EINFACH DIE GLATZE! Jede vernünftige Frau weiß, dass nicht eine volle Mähne den Mann ausmacht, sondern sein Selbstbewusstsein.

237. FREMDFLIRTEN Nichts nervt mehr, als wenn du seitlich an uns vorbeischaust, in Richtung der Blondine am Tisch hinter uns. Ebenfalls verboten: (1) alle Frauen abchecken, die an unserem Tisch vorbeigehen, sowie (2) der Kellnerin auf den Hintern glotzen. He, *hier* spielt die Musik!

238. IRRITIEREND LACHEN Lautes Wiehern, schrilles Kichern, Prusten, Seehundbellen etc. Schwer zu ertragen. Du musst schon wirklich witzig oder toll im Bett sein, damit aus uns was wird.

239. NÄGEL KAUEN Abstoßend. Und wenn auch die Zehennägel betroffen sind, fehlen uns die Worte.

240. SCHLECHT TANZEN Wenn du ohne das geringste Rhythmusgefühl herumzappelst wie eine Giraffe, die in die Steckdose gegriffen hat, schließen wir auf tiefer liegende Probleme in anderen Bereichen. Wir wissen, wie schwierig es ist, gut tanzen zu lernen. Also: Sucht euch einen Grundschritt und beschränkt euch auf ihn. Die noch sicherere Alternative: Die Drinks kaufen und vom Rand der Tanzfläche zusehen.

241. ERNSTHAFT TANZEN Tanzen ist deine Leidenschaft. Wir gehen zu einer Hochzeit, nippen gerade am Champagner, und plötzlich springst du auf die Tanzfläche und machst den Moonwalk oder legst einen Soulja Boy hin, der dir einen Platz als Reservetänzer in Justin Timberlakes Show sichern würde. Du bist so ins Tanzen versunken, dass du gar nicht bemerkst, wie wir das Gebäude verlassen und verstört wegfahren. Hey Leute: Der Cabbage Patch ist out!

242. SICH ÖFFENTLICH AM HINTERN KRATZEN Vielleicht noch *in* der Hose? Auch wenn ihr glaubt, es sähe keiner zu: Geht einfach auf die Toilette, wenn es wirklich zu arg juckt.

243. DATE IN EIN ZU BILLIGES RESTAURANT EINLADEN Solange wir beide noch Studenten waren, konntest du mich ins Bella Italia ausführen. Jetzt musst du schon etwas mehr springen lassen, um mir zu zeigen, dass du ernsthaft interessiert bist.

244. BEIM TANZEN PEINLICHE GRIMASSEN SCHNEIDEN Gespitzte Lippen. Genießerisch geöffneter Mund. Orgasmus-Mimik. Nur zu eurer Info: Wir hoffen nur, dass niemand merkt, dass du zu uns gehörst, und schleichen uns möglichst diskret von der Tanzfläche.

245. PLASTIKTÜTEN ODER KARTONS ALS GEPÄCKSTÜCKE Wenn ihr mit einem »Türkenkoffer« aus dem Flugzeug steigt, könnt ihr früher wieder nach Hause fliegen, als ihr je gedacht hättet.

246. EINEN LIEFERWAGEN ODER KLEINLASTER FAHREN Wir sind nicht gerade begeistert, von einem solchen Wagen abgeholt zu werden. Hinweis: Kleinlaster mit fensterlosem Laderaum finden wir gruselig. Dabei müssen wir immer an die Szene aus *Das Schweigen der Lämmer* denken, als Buffalo Bill die Tochter der Senatorin entführt, indem er sie mit einem Trick dazu bringt, hinten in einen Kleinlaster zu steigen. Kennt ihr einen eher unromantischen Film? *Das Schweigen der Lämmer.*

247. DAVON AUSGEHEN, DASS BEI DER ERSTEN VERABREDUNG »WAS GEHT« Viel zu dreist und völlig unangebracht.

248. SCHÖNHEITS-OP IM GESICHT MACHEN LASSEN Bei einem Mann? Nie! Ist uns egal, wie gut euer Chirurg ist – hinterher seht ihr garantiert aus wie eine verzärtelte Frau. Nochmal: Wir mögen unsere Männer naturbelassen.

249. HOCHGESTELLTER KRAGEN BEIM POLOHEMD Sicheres Zeichen für »Vollidiot«. War früher nur bei BWLern und Jurastudenten mit reichem Papi angesagt, heute kopieren auch andere diesen Snob-Look. Nur dass die ursprünglichen Snobs wenigstens originale Hirnis sind, während die anderen Nachäffer-Hirnis sind.

250. BEIM RECHNUNG-BEGLEICHEN DEN TASCHENRECHNER RAUSHOLEN Peinlicher geht's nicht. Denkt dran: Nicht nur Frauen hassen derart schoflige Typen – *alle* hassen sie.

251. SICH LAUT SCHNÄUZEN Mach das bitte draußen oder auf der Toilette. Ist ja eklig!

252. DEN RAUM FÜR SEX VORBEREITEN Seidenlaken aufziehen, den »Bolero« auflegen, die Lichter dimmen … Schauder! Wir stehen ja wirklich auf romantisches Ambiente, aber irgendwie bekommen wir bei einer solchen Inszenierung das Gefühl, wir wären nicht die Erste, sondern die Hundertste.

253. SUSPEKTE BODYBUILDING-MITTEL NEHMEN Seltsame Pulver, die zu Shakes angerührt werden, mysteriöse »Ergänzungsmittel« und Hunderte Vitaminpillen, wahrscheinlich alle vollgestopft mit Steroiden und Hulk Hogans Achselschweiß. Und dann noch ein 90-minütiger Vortrag darüber, wie all das zum Muskelwachstum beiträgt. ICH MUSS LEIDER WEG! Geh das nächste Mal lieber mit deinem Spiegelbild aus, das findest du offenbar attraktiver.

254. EINEN LAUFENDEN GETTOBLASTER TRAGEN Wie kommst du eigentlich darauf, dass alle im Umkreis von 50 Metern deine Musik hören wollen? Dies ist schlicht der Hilferuf eines Menschen, der es nicht erträgt, auch nur eine Sekunde lang nicht im Mittelpunkt zu stehen. Wir alle mögen Musik. Aber mach sie leise und spiel sie am besten nur zu Hause. Oder noch besser: Kauf dir Kopfhörer!

255. DEN HALBEN TAG LANG INTERNET-WITZE WEITERLEITEN Oder noch schlimmer, Internet-Pornos. Du hast offenbar Besseres zu tun als zu arbeiten. Hör auf, Nacktbilder zu verschicken. Außer von Megan Fox.

256. BEI PARKGEBÜHREN GEIZEN Klar, sehen wir ein. Wir gehen gern acht Häuserblocks zu Fuß und ruinieren dabei ein 100 Euro teures Paar Schuhe, damit du fünf Mäuse fürs Parkhaus sparst. Wenn du dir's gar nicht verkneifen kannst, setz' uns wenigstens vorher ab such dann einen Gratis-Parkplatz. So lernen wir beim Warten an der Bar vielleicht einen netten Mann kennen, der kein so grässlicher Geizkragen ist.

257. MONOLOGISIEREN Zeigt uns, dass ihr euch nicht für uns, sondern vor allem für euch selbst interessiert. Wann kapiert ihr, dass ihr uns langweilt? Wenn wir unübersehbar auf die Uhr schauen? Herzhaft gähnen? Am Tisch einschlafen? Mit dem netten Kerl vom Nebentisch abdampfen? Macht euch wahrscheinlich auch nichts aus – ihr zieht in solchen Fällen wohl einfach um und quatscht den Barmann voll – der darf nicht abhauen.

258. ÜBERKANDIDELTE BESTELLUNG AUFGEBEN »Ich nehme das Parmesan-Huhn ohne Haut, bitte kein Öl auf dem Fleisch, frische Tomaten, ein bisschen Basilikum, Light-Mozzarella, dazu Pasta, auch ohne Öl, al dente, kein Knoblauch, ein bisschen Zitrone, mit Joghurt statt Sahne« BLA! BLA! BLA! Ist euch aufgefallen, wie verzweifelt wir die Augen verdrehen? Seht ihr, wie uns das Blut aus den Ohren tropft? Weckt uns bitte mit Riechsalz, wenn dieser unglaublich langweilige, egozentrische Monolog vorbei ist.

259. SICH VOR ORT ÜBER DIE KOSTEN DES ABENDS EMPÖREN Stimmt, ist teuer hier. Ich nehme den Hummer.

Der Kiffer

Am Anfang scheint alles bestens. Kiffer sind locker, lächeln viel, haben wilde Haare und wirken deshalb erst mal anziehend. »Cool!, einfach abhängen und no problem« lautet ihr Mantra. Viele Kiffer sind recht sportlich und verbringen viel Zeit in der Natur, beim Bergsteigen, Radfahren, Surfen oder sie hängen einfach nur rum. Da Kiffer meist in den Sachen rumlaufen, die sie für ihren Lieblingssport brauchen, haben sie oft eine anständige Garderobe aus Fleecejacken, Surfshorts, ausgebleichten Jeans, Flip-Flops, coolen Sonnenbrillen ... alles prima. Die Probleme gehen erst los, wenn du merkst, dass ein Kiffer nie weiter in die Zukunft blickt als 45 Minuten. Pünktlich irgendwo erscheinen, einen Job haben, Geld verdienen – für den Kiffer ist all das nicht wichtig. Zu seiner Verteidigung sei angemerkt, dass der Kiffer tatsächlich sparsam lebt. Da er immer einen Mitbewohner hat, zahlt er kaum Miete. Ein Auto braucht er nicht, weil er überall mit dem Rad hinfährt, das Skateboard nimmt oder sich mitnehmen lässt. Durchgefüttert wird er normalerweise von verständnisvollen Freunden. Der Kiffer sieht das so: Er muss nur genug Geld verdienen, um seiner einen wahren Leidenschaft nachgehen zu können: dem Kiffen. Ihr werdet feststellen, dass die meisten seiner Anrufe, Gespräche, Besorgungsgänge und Hobbys um Hasch kreisen. Seine Vorstellung von einem perfekten Tag? Dope rauchen. Seine Vorstellung von einem perfekten Date? Beim Grillabend eines Freundes vorbeischauen (Gratis-Essen), über einen Jahrmarkt schlendern (Gratis-Unterhaltung) und eine Tüte rauchen. Kiffer sind perfekt für das Hier und Jetzt. Und damit meinen wir die nächsten zwei Stunden. Wenn ihr euch fragt, wie das Leben in zwei Jahren aussehen wird, fragt besser keinen Kiffer. Denn davon die haben die keinen Schimmer.

260. SICH VOLLER VORFREUDE DIE HÄNDE REIBEN Das darfst du nur, wenn du ein Superschurke bist, der gerade seine geniale Maschine erfunden hast, mit der man das Wetter manipulieren kann. Aber der Anblick eines Tellers Spareribs oder der Vorspann zu einem Film sollte in einem innerlich geerdeten Mann keine solche Reaktion hervorrufen.

261. EINE BONG BESITZEN Wenn du über 30 bist und noch eine Haschischpfeife hast, kommt das bei Frauen gar nicht gut an. Denn das verrät, dass du die Kurve zum Erwachsenenleben noch nicht gekriegt hast. Zusätzlichen Punktabzug gibt es, wenn du deine Bong selbst gebastelt hast, etwa aus einer bärenförmigen Honigflasche. Dann bist du nicht nur ein Kiffer, sondern ein total abgebrannter Kiffer. PS: Dein Teppich beginnt an der Stelle, wo Bong-Wasser ausgelaufen ist, zu schimmeln.

262. ÜBERGROSSE VERTRAUTHEIT MIT DEM PERSONAL ZEIGEN Ein peinlicher Versuch zu demonstrieren, was für ein netter Kerl du bist. Tu nicht, als wärst du bestens mit Kellnerin (»Hey Susi, schenkst du mir bitte noch nach?«) und Barkeeper (»Bruder«) befreundet. Die finden das nämlich gar nicht lustig und lächeln nur, weil es zu ihrem Beruf gehört.

263. AUF EINEM DATE ÜBER STRESS IM BERUF KLAGEN He, wir wollen uns amüsieren! Worüber redest du als Nächstes? Über dein Magengeschwür?

264. NUNCHAKUS BESITZEN

Hier gibt es zwei Möglichkeiten: Entweder bewohnst du einen mit Paneelen verkleideten Raum im Keller deiner Eltern, wo du in Unterwäsche Karatebewegungen übst. Würg. Oder du brauchst die Nunchakus, um wirklich Leuten wehzutun. In dem Fall gehen wir mal lieber. Wir finden selbst hinaus, danke.

265. SICH BIZEPS- ODER WADEN-IMPLANTATE MACHEN LASSEN Das gibt's tatsächlich. Sieht aber grotesk aus. Hier bewegen wir uns schon im Bereich des galoppierenden Wahnsinns. Du solltest nicht nur ein Beziehungsverbot bekommen, sondern kastriert werden. Mit einer Zange.

266. PENISVERGRÖSSERUNGSPILLEN ODER -GERÄTE HABEN Über den Umstand, dass du einen kleinen Penis hast, kommen wir noch hinweg. Aber wenn du ein kleines Hirn hast, dann war's das. Wie kannst du nur glauben, dass so ein Zeug funktioniert? (Vielleicht wirkt es für neun Sekunden, aber hoffentlich weißt du, dass das nicht annähernd lang genug ist.)

267. SCHLECHTE TISCHMANIEREN Mit dem Essen anfangen, bevor wir unseres bekommen haben, schlingen, schmatzen – all das weist dich als Höhlenmenschen aus.

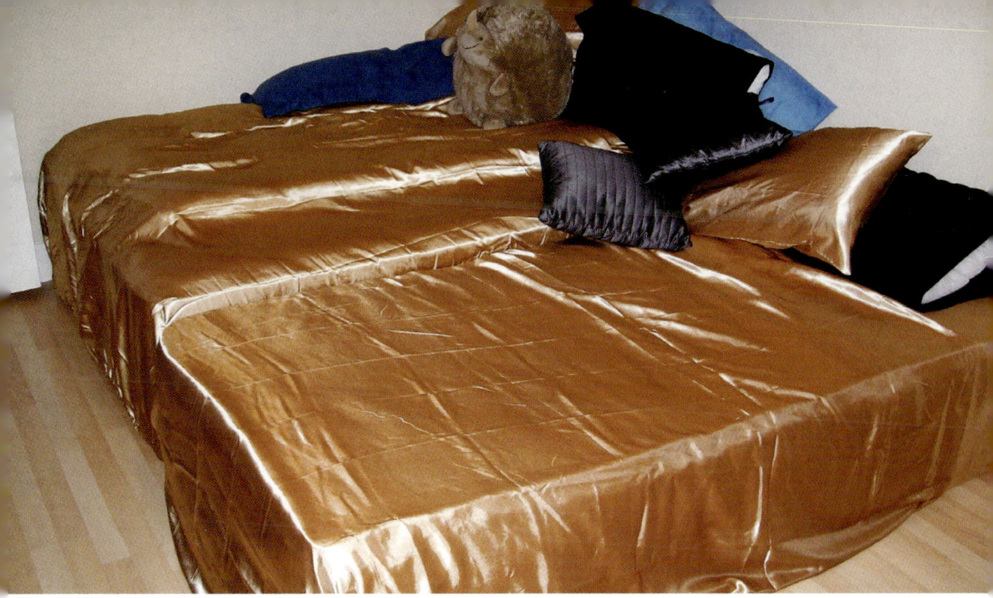

268. FALSCHE BETTLAKEN AUFZIEHEN Seide, fusselndes Gewebe, Polyester, dunkelbraune Laken oder Themenbettwäsche (Winnie Puuh, FC Bayern München etc.) – alles schlimm, deprimierend und unangenehm. Selbst wenn du recht süß bist, wird so keine Frau zu dir in dieses Bett kriechen. Außerdem: Wenn das Haus brennt und du dich an deiner Bettwäsche abseilen musst, werden sich die Feuerwehrleute über deine Power-Rangers-Laken kaputtlachen.

269. KREISCHEN WIE EIN MÄDCHEN Hohes Kreischen, aus Begeisterung oder Angst, weckt bei uns ernsthafte Besorgnis.

270. MOTOR AN DER ROTEN AMPEL AUFHEULEN LASSEN Wir haben es nachgeprüft: Noch nie in der Geschichte des Automobils hat das Aufheulen-Lassen des Motors dem Fahrer ein Date verschafft. Das soll machomäßig sein? Was kommt als Nächstes? Richtig Gummi geben und mit rauchenden Reifen losdonnern? Das ist so blöd, dass es schon wieder lustig ist.

271. EIN REPTIL BESITZEN Wieder: Wir begreifen es nicht. Reptilien sind nicht süß und man kann nicht mit ihnen spielen. Sie starren einen nur an, bis man am liebsten davonlaufen möchte. Auch der Gedanke, dass die Hände, mit denen ihr uns später berühren wollt, beim Saubermachen des Terrariums pisseverspritzte Steine sortiert haben … Danke, nein.

272. LOCKENSTAB ODER GLÄTTEISEN VERWENDEN Nein. Nur was für Frauen oder Profis! Wenn du selbst vor dem Spiegel stehst und versuchst, dir eine coole Welle zu machen oder deine Haare glatt anzulegen, solltest du innehalten und dir mal Gedanken über dein Geschlecht machen.

273. ERNSTHAFT SINGEN Oh nein, bitte aufhören – außer du hast einen Plattenvertrag. Und selbst dann hören wir uns lieber die CD an. Bevor wir eine Privatvorstellung miterleben, ergreifen wir lieber die Flucht.

274. WEGEN DES GELDES BLUT SPENDEN Du bist finanziell total am Boden. Die Ritzen deiner Couch hast du schon vergebens nach Münzen abgesucht, auch die Cent-Münzen im Haus hast du alle gesammelt, zu Rollen gedreht und zur Bank gebracht. Du bist Jahre davon entfernt, auch nur daran denken zu dürfen, eine Frau auszuführen.

275. WEIN AUS DEM TETRAPAK ANBIETEN Niemand verlangt von dir, ein Weinexperte zu sein. Uns ist es sogar egal, welchen Wein du uns kredenzt – aber aus der Flasche sollte er doch bitte kommen. Wenn du deine Flamme später heiratest, darfst du so viel Wein im Tetrapak kaufen, wie du willst. Aber jetzt: bitte in der Flasche.

276. SICH IN DEN SCHRITT GREIFEN Passiert normalerweise nach ein Uhr nachts und wird von einem aggressiv gebrüllten »Lutsch mir den Schwanz« begleitet. Reizend.

277. STEROIDE NEHMEN Anabolika schlucken? Kein Date.

Wahre Geschichte: Bei einem Profi-Baseballspiel suchten drei offensichtliche Anabolika-Schlucker ihre Plätze mitten im Zuschauerblock. Noch bevor sie sie gefunden hatten, hörte man schon die anderen Fans im Chor »Steeeeerrrrrroooooiiiiddddddde« singen. Jeder findet diese Clowns lächerlich.
Bill C., 29

278. STAPELWEISE LEKTÜRE IN DER TOILETTE LAGERN Ist uns zu vielsagend. Alles Mysteriöse, das du vielleicht ausgestrahlt hast, ist verschwunden. Also: Lasst uns doch einfach so tun, als ob unsere Körper keine peinlichen Gerüche, Geräusche oder Schlimmeres von sich gäben. Einverstanden?

279. KEINEN PLAN FÜR DIE VERABREDUNG HABEN Wenn euch an einer zweiten Verabredung gelegen ist, sagt einer Frau bei der ersten nie: »Ich weiß nicht … Was würdest du denn gern tun?« ÜBERNIMM DIE FÜHRUNG!

280. IN DER ÖFFENTLICHKEIT ARMDRÜCKEN Und dann? Sich eine Bierdose auf dem Kopf zerquetschen? Und dann? Ein Wettbewerb im Weitpinkeln? Danke, wir verzichten.

281. SCHIESSEN GEHEN Waffen sind uns suspekt. Schießt du vielleicht auch noch am liebsten auf Körpersilhouetten? Dann sind wir mal weg.

282. VIDEOSPIELE SPIELEN Wenn du nicht gerade mit deinem Sohn auf der Wii spielst, leg den Controller weg. Wenn du mit deinen Freunden Turniere austrägst und ein Headset trägst, als würdest du in einem Callcenter arbeiten, solltest du mal eine Pause einlegen und dich im Spiegel betrachten.

283. ÜBER VIDEOSPIELE REDEN Fällt dir zum Abendessen kein besseres Gesprächsthema ein, als dass du kürzlich Lord Darkmoor das Sword of Incredible entwunden hast – in nur sechs Stunden? Gibt es in deinem Leben nichts Interessanteres? Denk bitte noch mal nach.

284. TEENAGER-GESTEN Hochgereckte Daumen, Victory- und Peace-Zeichen etc. Ach Leute, seid ihr 18 oder 28? Schluss damit, ihr wirkt nicht cool dabei!

285. DEN BART ZWIRBELN Wenn du einen Bart trägst, der lang genug zum Zwirbeln ist, solltest du entweder eine kreischende Jungfrau auf Eisenbahngleise fesseln oder in einem Einteiler mit Leopardenmuster Hanteln mit Eisenkugeln stemmen.

286. SCHIEDSRICHTER ODER SPIELER ANBRÜLLEN Vor dem Fernseher oder im Stadion. Kürzlich erlebten wir, wie ein Kerl unaufhörlich fluchte: »Kobe [Bryant], du bist soo Scheiße!« Sein Gesicht war knallrot angelaufen, er schien dem Herzinfarkt nahe. Buhen, fluchen, verhöhnen … alles schlimm. Kannst du es vielleicht besser? Schon klar, Sport erweckt Leidenschaft, aber reiß dich zusammen und benimm dich anständig.

Pro Spiel darfst du einmal brüllen, am besten irgendwas Amüsantes. Niemand möchte zwei Stunden lang ununterbrochen »Kobe, du bist so Scheiße!« hören.

287. REISEANGST ZEIGEN Den Taxifahrer auf dem ganzen Weg zum Flughafen anspornen, vier Stunden vor Abflug am Flughafen ankommen, ständig fürchten, man hätte sein Ticket verloren, andere Passagiere aus dem Weg schubsen, während man zu seinem Gate stürmt.. alles nervig und peinlich. Reisen macht dich immer so? Na toll!

288. MIT GEÖFFNETEM MUND ATMEN Noch so eine Angewohnheit, deren sich Männer nicht bewusst sind. Tritt meist in Kombination mit einem leeren Zombieblick auf, angesichts dessen wir uns fragen, ob euch jemand das Gehirn durch das Ohr abgesaugt hat.

289. KEINEN FERNSEHER HABEN Wenn du dir keinen leisten kannst, okay. Aber wenn du auf Partys rumläufst und allen erzählst, dass du zu klug für den Blödsinn bist, der im Fernsehen kommt, dann nervst du gewaltig. Weißt du was? Wir reden gern über *Mad Men*. Alle tun das.

290. AUF DEM FENSTERBRETT HANF ZÜCHTEN Pflanzen, pflegen, ernten, trocknen, backen, zerkrümeln, rollen und rauchen – klingt nach einem Haufen Arbeit für vier Minuten Spaß. Übrigens ist der Besitz von Haschisch soweit wir wissen nach wie vor verboten.

291. FLÜSSIG-SAGROTAN DABEIHABEN »He, willst du einen Spritzer Sagrotan, bevor wir essen?« Wer überall Desinfektionsmittel (egal welcher Marke) dabeihat, sollte sich besser überlegen, wo und mit wem er sich herumtreibt. Übrigens: Es ist nicht gerade ein Kompliment, wenn du dir unter Freunden ständig die Hände desinfizierst.

292. DIE DISTANZZONE VERLETZEN Solange wir nicht miteinander im Bett sind, brauchst du mir wirklich nicht bis auf fünf Zentimeter nahe kommen, wenn wir uns unterhalten. Rückwärtsgang einlegen, bitte.

SPECIALS
MODELO ESPECIAL 12-PACK CANS
Modelo
$14.00
CORONA EXTRA
24-PACK BOTTLES
$35.00

Abschreckende Typen

Der Mega-Depp

Das aktuellste unerklärliche Phänomen auf dem Feld männlicher Verirrungen ist die sagenhaft egozentrische Kreatur, die im angelsächsischen Raum als Mega Douche, Mega-Depp, bezeichnet wird. Allgemein gesprochen, sieht der Mega-Depp aus wie Rocky Balboa nach einer Reihe von Geschlechtsumwandlungsoperationen. Der Mega-Depp hat aufgeblasene Muskeln, trägt lachhaft enge weiße Tanktops oder T-Shirts im Ed-Hardy-Stil, zahlreiche Goldketten, Klunker und eine Baseballkappe mit Schirm nach hinten. Doch das ist nur die Macho-Seite des Mega-Deppen. Denn gleichzeitig betreibt er leidenschaftlicher Körperpflege als jede Frau. Der Depp kann drei Stunden damit verbringen, sein übermäßig gegeltes Haar zum »Kaktus« aufzustellen, die Bräunungscreme einwirken zu lassen, seine Augenbrauen zu zupfen und ein komplettes Make-up aus Selbstbräuner, Lidstrich, Mascara und Lippenstift aufzulegen. Er rundet seinen Look mit einem Paar Diamant-Ohrstecker ab und erreicht damit den luftigen und euphorischen Zustand des totalen Vollidiotentums. Nur widerwillig trennt er sich von seinem Make-up-Tisch und seinen Hanteln, um sich in sein ureigenstes Revier zu begeben: die Klubszene, wo er aufreißen geht. Weil er weiß, dass er heiß ist, und kaum erwarten kann, sein (echtes oder aufgemaltes) Sixpack herzuzeigen, zieht er spätestens sieben Minuten nach Betreten des Klubs sein Hemd aus. Dann beginnt er sein manisches Muskelspiel an Bauch und Arm – was ihm schockierenderweise tatsächlich oft »Hots« (heiße Frauen) einbringt. Da der Mega-Depp nur darauf gewartet hat, springt er mit seiner »Hot« in seinen Corvette und braust nach Hause (im Keller seiner Eltern). Nachdem er die Tante geknallt hat, schläft der Mega-Depp lächelnd ein. Wieder hat ein Tag grandiosen Mega-Deppentums zufriedenstellend geendet. Hat es daran je den geringsten Zweifel gegeben?

293. KEINEN ALKOHOL VERTRAGEN

Nach zwei Bier bist du total betrunken und wir verfrachten dich um neun Uhr abends mühsam in ein Taxi. Du brauchst keine Freundin, sondern eine Riesenladung Testosteron. Am besten noch heute.

294. »MANNOREKTISCH« SEIN Zum Abendessen Salat bestellen, über Kalorien reden, dich erkundigen, ob dein Hintern in dieser Jeans fett aussieht. Männer sollen arbeiten oder Sport treiben, um abzunehmen, nicht Diät halten wie ein Mädchen.

295. GRAPSCHEN Glaubt ihr wirklich, dass wir glauben, ihr hättet versehentlich unseren Busen gestreift oder unseren Hintern berührt? Untrügliches Signal, dass ihr von den Regeln, nach denen die Partnersuche läuft, nicht den geringsten Schimmer habt.

296. WÄHREND EINER VERABREDUNG TELEFONIEREN, SIMSEN ODER E-MAILEN Das vermittelt uns: »Ich interessiere mich null für dich. Ich will nichts von dir, deiner Familie, deiner Arbeit oder deinen Freunden wissen.« Andererseits ist es uns auch ganz recht, wenn du hinausgehst, um mit einem deiner Kegelfreunde zu telefonieren. Dann hat ein netterer Kerl die Möglichkeit, uns anzusprechen.

297. MIT DER TÜR INS HAUS FALLEN Wir können uns ein schöneres Ende für einen Abend vorstellen, als nach einem Date einem Kuss ausweichen oder uns eine Entschuldigung einfallen lassen zu müssen, warum wir nicht noch »auf einen Kaffee« zu dir wollen. Herrschaft, lies unsere Signale, ob wir interessiert sind!

298. KEIN HANDY HABEN Wie kann es denn so was geben?

Wahre Geschichte: Eine Bekannte von mir hatte tatsächlich einen Freund, der kein Handy besaß. Schließlich gab er nach und besorgte sich eines. Allerdings warnte er sie gleich, dass er es immer nur zwischen 19 und 21 Uhr einschalten würde. Was zur Hölle ...?

299. LAUT UND STOLZ RÜLPSEN War vielleicht in der dritten Klasse noch lustig. Verwendest du vielleicht auch noch Ausdrücke wie »Popoloch«?

300. PER SMS UM EIN DATE BITTEN Kommt offenbar immer mehr in Mode, aber wir finden es erbärmlich. Wenn wir euch wirklich wichtig wären, würdet ihr uns anrufen oder persönlich fragen. Geheimtipp: Jede Frau, die es wert ist, dass man mit ihr ausgeht, wird eure Einladung per SMS unhöflich finden und ignorieren.

301. TABAK KAUEN Dein Atem stinkt, als wäre dir ein Frosch unter die Zunge gekrochen und dort gestorben.

302. DAVON SCHWÄRMEN, WIE SEXY DEINE EX/DIE KELLNERIN/MEGAN FOX IST Was sollen wir dazu sagen? Vielleicht: »Ja, die ist sexy.« Oder: »Manno, wenn ich ein Kerl wäre, würde ich sie unbedingt knallen wollen.« Nach einer solchen Bemerkung ist der Abend gestorben.

303. SICH ÜBER DIE EX AUSKOTZEN Schon klar, sie war eine Hexe und du warst absolut wunderbar.

Verrückt sind alle. Man muss nur denjenigen finden, dessen Verrücktheit zu der eigenen passt. Für diesen Suchprozess gibt es sogar ein Wort: »Dating«.

304. HOCHRAD FAHREN Hallo? Wie viel Aufmerksamkeit brauchst *du* denn? Ein verzweifelter Hilferuf. Segway fahren ist auch nicht besser. Alle, die dich sehen, werden sich fragen, was zur Hölle du da machst.

305. KEINE E-MAIL-ADRESSE HABEN Keine Verabredung bekommen.

306. BEIM REDEN ÜBER PROMIS VORNAMEN BENUTZEN Du kennst diese Leute nicht, hör also auf, von »Bobby und Marty« zu reden, wenn du von Robert De Niro und Martin Scorsese sprichst. »Leo«, »Justin«, »Brangelina« – es reicht! Leute, die so reden, haben normalerweise *nichts* mit der Unterhaltungsbranche zu tun.

307. SICH »UNWOHL FÜHLEN« UND DARÜBER JAMMERN Damit outest du dich als totales Weichei. Auch wenn wir gern die gleichen Rechte für alle einfordern – mit einem Weichei will niemand ausgehen.

308. GROB MIT DER KELLNERIN UMSPRINGEN Verrät uns sofort, dass wir es mit einem kompletten und absoluten Arsch zu tun haben. Ist nur entschuldbar, wenn du gerade einen Nierenstein ausscheidest.

309. IM STADION WEIN TRINKEN Wow, tolle Idee! Die Veltins-Arena von Schalke soll einen hervorragenden Weinkeller haben. Im Ernst: Im Stadion ist es nicht mal für Frauen cool, Wein zu bestellen. Live-Sport = kaltes Bier.

310. IN DEN ZÄHNEN PULEN Wenn sich gern mal Essen zwischen deinen Zähnen fängt, dann geh auf die Toilette, nimm auf dem Weg einen Zahnstocher mit und tu, was du tun musst. Besonders grässlich finden wir, wenn du mit anderen Objekten in deinen Zähnen pulst, etwa mit einer Gabel, Büroklammer, Visitenkarte o. Ä. Wir wissen, wie schwer es ist, sich das abzugewöhnen, denn es scheint fast unbewusst abzulaufen. Dennoch: Durch das Pulen magst du vielleicht den Mohnsamen zwischen den Schneidezähnen entfernen, aber attraktiver wirkst du ohne auch nicht.

311. NACKT HERUMLAUFEN Mit nackten Pobacken auf der Couch sitzen, mit frei herumschwingendem Gemächt Frühstück machen … peinlich und unangenehm.

Fast nackt ist viel besser. Steig in Boxershorts und wir sind glücklich. Und mach die Tür zu, wenn du die Toilette benutzt. Wir müssen nicht alles wissen.

Warum deine Kumpels dich für undateable halten

Dieser Teil ist faszinierend. Wer hätte geahnt, wie sehr manche Marotten anderer Typen euch Jungs auf die Palme bringen? Und wir dachten, ihr würdet die lachhaft aufgeblasenen Muckis und die lächerliche Unterwäsche anderer Männer gar nicht bemerken. Offenbar tut ihr das aber doch. Also, Singles, lest nach, warum eure Kumpels nie versucht haben, euch mit ihren Schwestern, Kolleginnen usw. zu verkuppeln.

»WIR SIND SCHWANGER« SAGEN »Einer der coolsten Typen, die wir kennen, hat es kürzlich schön auf den Punkt gebracht: ›Wir Johannes-Träger sollten aufeinander aufpassen. Wer so was sagt, ist ein Trottel. Und mit der Beichte ›Wir versuchen, schwanger zu werden‹ erzeugt ihr Bilder in unserem Kopf, auf die wir verzichten können.« – Jon S., 38, Führungskraft beim Fernsehen

MIT STROHHALM TRINKEN »Damit wirkt man immer mädchenhaft. Einzig akzeptable Begründungen: Ihr liegt im Krankenhaus und könnt die Arme nicht benutzen oder ihr habt einen gebrochenen Kiefer.« – Peter K., 41, Finanzberater

VOR ROTEN AMPELN AUF DER STELLE JOGGEN »Ja, ja, schon verstanden: Ihr nehmt das Laufen wirklich ernst. Wenn ihr jetzt stehen bliebt, würde euer Puls unter 100 sinken, oh Schreck! Ihr seht beknackt aus!« – Seth M., 36, Insolvenzverwalter

EXTRAVAGANTE UNTERWÄSCHE TRAGEN »Am besten mit Leopardenmuster oder Netzgewebe. Total krank!« – Roger B., 39, Geschäftsinhaber

HANDTUCH NACH DEM DUSCHEN WIE EINEN TURBAN UM DEN KOPF WICKELN »In meinen Augen ein glasklares Geständnis, dass du lieber keinen Schwanz hättest.« – Seth M., 36, Insolvenzverwalter

SINNLOS WÖRTER ABKÜRZEN »Wie in ›Url‹ statt ›Urlaub‹, ›med rare‹ statt ›medium rare‹ (ja, ist passiert!) oder ›Cab‹ statt ›Cabernet‹« – Eric S., 50, Psychoanalytiker.

DEN SCHRITT MIT EAU DE COLOGNE PARFÜMIEREN »Was man in Männerumkleiden so miterlebt – keine Frau will das wissen. Der Typ, der das macht, ist ein Freak.« – Art B., 35, Hypothekenvermittler

EINER FRAU DEN VORTRITT IN EIN DUNKLES HAUS LASSEN »Das sind die gleichen Typen, die sich vor Spinnen fürchten, wie Mädchen gehen und auf der linken Fahrspur schleichen.« – Scott C., 27, Hypothekenvermittler

BIKERKLEIDUNG TRAGEN, ABER KEIN MOTORRAD FAHREN »Erbärmlicher Poser und Möchtegern-Rocker.« – William C., 27, Banker

SCHLAFFER HÄNDEDRUCK »Das sagt alles. Am liebsten würde man diesen Typen die Hand brechen.« – Jorge I., 40, Marketingmanager

HUMVEE FAHREN »Der ultimative Arsch. Ich würde meiner Schwester nicht erlauben, dort einzusteigen. Der Typ muss total ichfixiert sein. Vielleicht versucht er auch nur zu kompensieren, dass etwas anderes bei ihm zu klein ausgefallen ist.« – Jon B., 23, Student

SICH BEIM ERSTEN DATE VON DER FRAU ABHOLEN LASSEN »He, Punk, hier ein Tipp: Das geht nur, wenn du gerade operiert worden bist.« – Mike C., 37, Unterhaltungsbranche

ÜBERMÄSSIG BÜGELN »Ein knittriges Baumwollhemd ist viel schicker.« – Adam G., 37, Kreativdirektor. PS: Adam ist der bestangezogene Mann, den wir kennen.

AN ELEKTRONIK VERZWEIFELN »Frauen wollen einen Kerl, der was zustande bringt, keinen Versager.« Howie S., 34, Versicherungsvertreter

»GANZ MEINE REDE« SAGEN »Wird meistens total hirnlos und ohne jeglichen Zusammenhang zum bisherigen Gespräch verwendet.« – Eric S., 50, Psychoanalytiker

FRÜH NACH HAUSE GEHEN WOLLEN »Mit dem hat man bestimmt Riesenspaß. Ich bin so einer männlichen Heulsuse mal auf einem Double-Date begegnet. Er schaute ständig auf die Uhr und jammerte, wie spät es schon sei. Sein Date, eine scharfe Braut, entgegnete ihm: ›Tut mir leid, dass wir dich aufhalten.‹ Ich glaube, er musste nach Hause, um seine Mama anzurufen. – A.J., 39, Golfprofi

NACKT STRETCHEN »Bei uns im Fitnessklub ist dieser Typ, der sich komplett auszieht und dann auf der Bank in der Umkleide stundenlang Stretching-Übungen macht.« – Dave H., 45, Kreativdirektor

BEI STARBUCKS HERUMHÄNGEN UND SO TUN, ALS WÜRDE MAN ARBEITEN »Ich nenne sie ›Starbucks-Bewohner‹. Was ist nur mit den Typen los? Ich weiß, dass es heutzutage schwer sein kann, einen Job zu finden, aber warum geben sie dann vier Mäuse für einen Kaffee aus? Spätestens nach einer Stunde täuscht man doch niemanden mehr.« – Seth M., 36, Insolvenzverwalter

»YO« ZU EINEM MÄDCHEN SAGEN »Funktionierte nur bei Rocky. Und das nur knapp.« – Alex P., 34, Trainer

VERSPRECHEN, ETWAS ZU REPARIEREN, UND DANN ALLES NOCH SCHLIMMER MACHEN »Hol die Bedienungsanleitung raus, Bruder, oder nimm Geld in die Hand und bestell einen Profi. Besser zugeben, wenn du was nicht kannst, als den Obermacker spielen, der letztlich keine Ahnung hat. Hoffentlich bekommst du keinen platten Reifen, nachdem du dein Date abgeholt hast.« – Lucas M., 43, medizinischer Sekretär

EINEN SIDEKICK HABEN, WENN MAN ÜBER 30 IST »Okay, Paris Hilton, bitte lass mich in deine berühmte Fünferbande!« – Nick K., 38, Arzt

KEINEN BALL WERFEN KÖNNEN »Du musst ja kein Sportheld sein. Aber einen Ball solltest du schon vernünftig werfen können, nicht wie ein Mädchen.« – Cam M., 37, Fernsehproduzent

BRUSTHAARE AUS DEM HEMD GUCKEN LASSEN »Zuknöpfen, Mann! Ist ja eklig.« – Scott M., 39, Möbelfabrikant

KEINE KRAWATTE BINDEN KÖNNEN »Da gibt es diese Typen, die lassen sich die Krawatte im Geschäft binden und dann nehmen sie sie ab, ohne den Knoten zu zerstören. Beim nächsten Mal ziehen sie ihn nur wieder fest, fertig. Lahm!« – Paul U., 31, Broker

TRAININGSANZUG TRAGEN »Besonders suspekt ist Veloursstoff.« – Andrew F., 31, Anwalt

OHNE SCHLÄGER GOLFSCHWÜNGE ÜBEN, WÄHREND MAN SICH MIT ANDEREN TYPEN UNTERHÄLT »Totaler Vollidiot. Nur Tiger Woods darf ohne Eisen und Ball einen Schwung üben. Punkt.« Paul U., Broker

EINE RUNDBÜRSTE BENUTZEN »Bis jetzt konnte ich mir nicht vorstellen, dass ein Kerl sich die Haare föhnt und mit einer Rundbürste bürstet, bis die Frisur perfekt sitzt. Aber mein Zimmergenosse macht genau das. Er verwendet auch Bräunungscreme, Mousse, Gel und zu viel Eau de Cologne. Ein Semester lang sah ich mir seine egomanische Körperpflege an, dann lud ich ihn zu einer Runde Touch-Football ein und versuchte, ihm den Kopf abzureißen.« – Isaac K., 20, Student

VOR DEM HAUS DES DATES HUPEN, DAMIT SIE HERAUSKOMMT »Wenn das je jemand bei meiner Tochter probieren sollte, blase ich ihm den Kopf weg.« – Sam G., 50, Art Director

SCHWEISSBÄNDER TRAGEN, OBWOHL MAN KEINEN SPORT MACHT »Ziemlich daneben. Zieh eine Armbanduhr an, wenn du was am Handgelenk tragen willst.« – Andy C., 28, Trainer

MICHAEL BUBLÉ HÖREN »Klar, toller Plan. Spiel die Musik bei einem Date und du kommst als der totale Hengst rüber.« – Mark C., 36, Agent

BEI SEINEN FREUNDEN ALS »DER MIT DER PORNOSAMMLUNG« BEKANNT SEIN »Niemand wird sich besondere Mühe geben, dich mit einer Bekannten zu verkuppeln.« – Lucas M., 44, medizinischer Sekretär

NICHT MIT STÄBCHEN ESSEN KÖNNEN »Extrem peinlich, wenn man um eine Gabel bitten muss.« – C.M., 27, Anwalt

ZIMPERLICH TUN, WENN MAN EINEN KÖDER AN EINEN ANGELHAKEN HÄNGT »Benimm dich wie ein Mann!« – Doug L., 32, Lektor

SCHLUSSWORT

Eigentlich hatten wir nie ein Schlusswort vorgesehen, da wir dachten, wir hätten nun wirklich genug gesagt. Doch gerade als wir am letzten Kapitel saßen, erhielten wir ein Foto von einem bei uns abgebildeten Undateable, der sich mittlerweile zu jemand absolut Dateablem gemausert hatte.

Vergleichen Sie mal sein Foto auf S. 14 und das auf der gegenüberliegenden Seite. Unfassbare Veränderung, oder?

Das Foto von sich und seiner (attraktiven!) Frau kommentierte Jeff Murray so: »Dies als Beweis, dass für alle ›Undateables‹ noch Hoffnung besteht. Danke für die Gelegenheit, über mich selbst zu lachen.«

Ihr seid also alle aufgefordert: Ab mit dem grässlichen Unterlippenbart und ran an den Speck!

Äh, nein. Was wir eigentlich sagen wollten: Du bist wahrscheinlich ein richtig netter Kerl und auch du kannst – nach der richtigen Menge an Änderungen – ein richtig attraktiver Mann werden.

Und noch mal: SELBSTSICHERHEIT und PERSÖNLICHKEIT können fast immer ausgleichen, was eine scheußliche Dad-Jeans an Schaden angerichtet hat.

Ellen Anne

Ellen Rakieten ist die Chefin von Ellen Rakieten Entertainment. Mehr als 23 Jahre lang hat sie die *Oprah Winfrey Show*, eines der erfolgreichsten Fernsehformate aller Zeiten, maßgeblich beeinflusst; sie hat die Show miterfunden, entwickelt, gescripted und produziert. Sie hat auch Hunderte Produkte, Bücher, Filme und Karrieren zum Erfolg geführt. Ihr rasiermesserscharfer Instinkt, was sich verkauft, macht sie zu einer der begehrtesten Produzentinnen der Unterhaltungsbranche.

Anne Coyle war äußerst erfolgreiche Werbetexterin, die für ihre Arbeit nationale und internationale Preise gewann. Aktuell ist sie Chefin von Anne Coyle Interiors, einer in den USA landesweit bekannten Firma für Innendesign. Die Ergebnisse ihrer Arbeit sind oft in den einschlägigen Zeitschriften wie *O at Home*, *Metropolitan Home* und *Elle Decor* zu besichtigen.